1등 했는데 왜 훌륭한 사람이 아니에요?

격몽요결로 배우는 어린이 마음공부
1등 했는데 왜 훌륭한 사람이 아니에요?

초판 1쇄 발행 2015년 5월 26일 | **초판 4쇄 발행** 2023년 3월 17일
글쓴이 조경구 | **그린이** 윤유리

펴낸이 홍석 | **이사** 홍성우 | **편집부장** 이정은 | **편집** 박고은·조유진 | **디자인** 권영은·김연서 | **외주디자인** 손현주
마케팅 이송희·한유리·이민재 | **관리** 최우리·김정선·정원경·홍보람·조영행·김지혜
펴낸곳 도서출판 풀빛 | **등록** 1979년 3월 6일 제2021-000055호
주소 서울특별시 강서구 양천로 583 우림블루나인 A동 21층 2110호
전화 02-363-5995(영업) 02-362-8900(편집) | **팩스** 070-4275-0445
전자우편 kids@pulbit.co.kr | **홈페이지** www.pulbit.co.kr
블로그 blog.naver.com/pulbitbooks | **인스타그램** instagram.com/pulbitkids

ⓒ 조경구, 2015
ISBN 978-89-7474-300-0 74190 | 978-89-7474-278-2 (세트)

이 도서의 국립중앙도서관 출판예정도서목록(CIP)은 서지정보유통지원시스템 홈페이지(http://seoji.nl.go.kr)와
국가자료종합목록 구축시스템(http://kolis-net.nl.go.kr)에서 이용하실 수 있습니다.
(CIP제어번호: CIP2015012296)

* 책값은 뒤표지에 표시되어 있습니다.

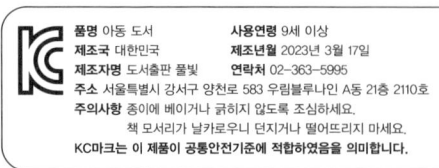

격몽요결로 배우는
어린이 마음공부

1등 했는데 왜 훌륭한 사람이 아니예요?

조경구 글 | 윤유리 그림

풀빛

저자의 말

옛이야기 하나 들려줄게요.

조선 시대에 영의정이었던 홍언필이라는 분이 낮잠을 자고 있었어요. 그런데 뱀 한 마리가 배 위로 기어올라 오는 것이에요. 이걸 어쩌나. 쫓아 버리고 싶지만, 뱀에게 물릴까 봐 꼼짝 못 하고 누워 있는데 마침 6살 먹은 아들 퇴지가 이 광경을 보았어요. 퇴지는 어떻게 했을까요? 비명을 지른다? 몽둥이로 뱀을 때려서 잡는다?

이런 위급한 상황에서 퇴지는 조용히 마당 한쪽의 연못으로 가, 개구리를 서너 마리 잡아서는 뱀이 있는 근처에 던졌어요. 펄떡펄떡 뛰는 개구리를 본 뱀은 스르르 배 위에서 내려오더니 개구리를 쫓아 사라졌답니다.

6살이라는 어린 나이치고 참으로 지혜로운 어린이지요? 영특한 퇴지는 훗날 임금을 돕는 신하 중에서도 높은 지위인 재상이 되었다고 합니다.

옛이야기가 담긴 책을 보면 이렇게 지혜로운 어린이, 훌륭한 어린이의 얘기가 많이 나옵니다. 그런데 이런 성품과 지혜는 저절로 생겨나는 것이 아닙니다. 율곡 선생님의 《격몽요결》을 읽으면서 훌륭한 성품이 무엇인지, 진정한 공부가 무엇인지 배워야 하지요. 《격몽요결》은 어린 학생들에게 공부는 왜 해야 하는지, 공부할 때 도움이 되는 방법은 무엇인지, 마음을 다스리는 법은 무엇인지를 알려 주는 책입니다. 수백 년 전에 만들어진 책이지만 오늘날 우리 친구들이 꼭 알았으면 하는 바른 덕목과 품성을 이야기합니다.

또래 친구인 사랑이와 평화의 이야기를 통해 《격몽요결》이 전하는 지혜로운 이야기를 귀담아듣기 바랍니다.

북한산 기슭에서, 조경구

목차

저자의 말 004

들어가는 말 008

1장
공부에 뜻을 세우자

진정한 공부란 — 014
공부를 하는 이유 — 021
큰 꿈을 갖자 — 028
마음공부부터 먼저 — 035

2장
좋지 않은 태도를 없애자

044 — 나쁜 습관 고치기
052 — 바른 자세, 바른 생각
061 — 유혹과 싸워 이겨라
068 — 언제나 말조심

3장 계획과 실천

계획 세우기 — 078
시작이 반이다 — 086
보고 또 보고 — 093

4장 공부에 이르는 길

102 — 공부의 순서
110 — 잘 보기, 잘 듣기
116 — 질문하는 방법
123 — 정신을 집중하라

5장 사람다운 사람 되기 -평생 공부

몸가짐 지키기 — 132
자기 반성 — 139
공부에는 끝이 없다 — 146
효도와 사랑 — 152
함께 사는 사회 — 161

들어가는 말

《격몽요결》은 어떤 책인가요?

　《격몽요결》은 조선 시대 정치가이자 사상가인 율곡(栗谷) 이이(李珥) 선생님께서 어린 학생들을 위해 쓴 책입니다. 이제 막 공부를 시작하는 어린 학생들에게 공부의 기본자세와 삶의 태도를 가르치려고 쓴 책이지요. '격몽요결'의 글자를 살피면 격(擊)은 '치다', 몽(蒙)은 '어리석다', 요(要)는 '중요하다', 결(訣)은 '비결'이란 뜻으로 '어리석은 사람을 깨우쳐 주는 중요한 비결'이란 뜻입니다. 아직 어려서 잘 모르는 사람들이 읽고 세상 사는 이치를 깨닫는 책이란 뜻이지요.

《격몽요결》은 어떻게 구성되었나요?

　《격몽요결》은 모두 10개의 장으로 되어 있습니다. 1장은 '뜻을 세워라', 2장은 '옛날의 게으른 습관을 버려라', 3장은 '몸가짐을 바르게 가져라', 4장은 '바른 순서대로 책을 읽어라', 5장은 '부모님을 섬기는 방법', 6장은 '장례를 치르는 방법', 7장은 '제사 지내는 방법', 8장은 '집안을 다스리는 방법', 9장은 '다른 사람을 대하는 방법', 10장은 '세상을 살아가는 방법'이 담겨 있습니다.

《격몽요결》을 쓴 율곡 이이는 어떤 분인가요?

율곡 이이 선생님은 1536년에 태어났습니다. 이이(李珥)는 이름이고 별도의 이름인 호가 율곡(栗谷)이지요.

율곡 선생님은 13살이 되었을 때 과거 시험에 처음 합격하고는, 그 뒤로 무려 아홉 번이나 장원 급제하였답니다. 나랏일을 할 사람을 뽑는 어려운 시험에서 아홉 번이나 1등을 한 건 참으로 놀라운 일입니다. 머리가 원래 좋기도 했겠지만 아홉 번이나 1등을 했다는 것은 끝없이 노력했다는 뜻이지요.

율곡 선생님은 23살에 당시 대학자로 유명한 퇴계(退溪) 이황(李滉) 선생님을 찾아가서 유학에 대한 토론을 할 만큼 학문에 대한 열정도 컸답니다.

벼슬길에 올라서는 나라의 질서를 바로잡고 백성들이 풍족하게 살 수 있도록 온갖 노력을 기울였습니다. 벼슬에서 물러난 후로는 학문을 연구하고 자녀를 교육하는 일에 몰두했지요. 글도 참 많이 썼는데, 모든 글을 하나로 모아 펴낸 문집이 《율곡전서》입니다. 《격몽요결》도 그 안에 들어 있지요.

이 책의 구성

이 책은 《격몽요결》의 한자 원문을 현대의 우리말로 번역한 다음, 그 중에서 오늘날 우리가 꼭 알아야 할 내용을 가려 뽑아서 정리하였습니다. 특별히 공부하는 마음가짐, 공부 방법 등에 초점을 맞추어 전체를 구성하였고, 이야기마다 끝에 격몽요결의 내용을 한 번 더 생각해 보는 자리를 마련했습니다. 이 책을 읽다가 여러분들이 "나도 율곡 선생님처럼 되어야지." 하는 생각이 들었으면 좋겠습니다.

立 動 自
　 初 各 必

1장

공부에 뜻을 세우자

念 可 賢 當
智

진정한 공부란

"싫어, 싫단 말이야."
"아니 얘가 또 왜 이래? 얼른 일어서지 못해? 학원 차 놓치겠어."
"정말로 가기 싫다고."
"무슨 일이냐?"
엄마와 사랑이의 실랑이에 할아버지가 방에서 나왔어요.
"무슨 일인데 이렇게 소란스러운 것이냐?"
"글쎄 사랑이가 학원에 안 가겠다고 저러네요."
"학원에 안 가겠다는 게 아니고 그 학원에 안 가겠다는 거야. 엄마는 잘 알지도 못하면서."
"그 말이 그 말이지."

"어허, 왜 이렇게 시끄럽게 하고 그러냐?"

"죄송합니다. 아버님."

"사랑아, 너는 이리 좀 들어오너라."

사랑이는 투덜거리면서 할아버지를 따라 방에 들어갔어요.

사랑이는 올해 6학년이 되면서부터 명문 입시 학원에 다니기 시작했어요. 지난 방학 때 사랑이가 엄마에게 공부가 점점 어려워진다고 하소연을 했는데, 마침 사랑이 엄마는 사랑이가 좋은 대학에 가려면 지금부터 열심히 공부를 해야 한다고 생각했지요. 그래서 엄마는 자리가 잘 나지 않기로 유명한 입시 학원에 사랑이를 어렵사리 등록시켰어요.

처음에 사랑이는 별말 없이 학원에 잘 다녔어요. 그런데 언제부턴가 학원에 가기 싫단 말을 하더니, 오늘은 무슨 일이 있어도 절대로 학원에 가지 않겠대요. 무슨 일일까요?

"왜 학원에 가기 싫은 게냐?"

할아버지 물음에 사랑이는 기다렸다는 듯이 불만을 쏟아 냈어요.

"숙제를 너무 많이 내 줘서 학교에서 공부할 시간도 없어요. 시험을 보면 창피하게 성적표를 복도에 붙여 놓는 거 있죠? 게다가 친구들하고 성적을 비교하면서 뭐라고 하고요. 그러니 어떨 땐 친구까지도 미워져요. 정말 거긴 숨이 턱턱 막히는 곳이에요."

"흠, 그렇구나. 그건 썩 좋은 방식은 아닌 것 같다."

"그렇죠?"

"그럼. 누구나 자기가 잘하는 게 있고 개성이 있는 법인데 성적만으로

사람을 줄 세워서 평가하고 경쟁을 시키는 건 옳지 않지."

사랑이는 할아버지 말에 마음이 한결 편안해졌어요.

"할아버지. 공부가 그렇게 중요해요? 정말 차라리 옛날에 태어났으면 좋았겠어요. 이렇게 입시 공부에 죽어라 매달리지 않았을 테니까요."

"허허, 옛날 사람들은 공부를 안 했을 것 같으냐?"

"공부야 과거 시험 준비하는 선비들만 한 거 아니에요?"

사랑이 말에 할아버지는 눈가에 주름을 잔뜩 지으며 지그시 웃었어요.

"옛날 사람들은 공부를 '위기지학(爲己之學)'과 '위인지학(爲人之學)'으로 나누었단다. 위기지학은 '나를 위한 공부', 위인지학은 '남을 위한 공부'라는 뜻이지."

"그럼 위인지학이 좋은 거겠네요? 남을 위한다는 건 좋은 일이니까요."

"그런 것 같지? 하지만 자세히 보면, 위기지학은 '자신의 인격을 수양하는 공부'라는 뜻이고 위인지학은 '남에게 내보이기 위한 공부'라는 뜻이란다. 그래서 과거 시험에 붙기 위해서만 하는 공부는 위인지학이라며 경계했지. 자신의 인격을 수양하는 공부가 진정한 공부라며 모든 공부 중에서도 가장 우선시했단다."

"그럼 요즘 좋은 대학에 가려고 공부하는 것은 위인지학이네요?"

"자기가 하고 싶은 공부를 더 깊게 하려고 대학에 가는 것이라면 모를까, 오직 남의 시선과 자신의 출세를 위해 가는 것이라면 위인지학이라고 말할 수 있단다."

"그렇군요. 할아버지."

사랑이는 의미심장한 표정을 지으며 고개를 열심히 끄덕였어요.

"이제 제가 왜 학원에 안 가고 싶은지 확실히 알겠어요. 바로 나를 위한 진정한 공부가 아니어서 그런 거예요!"

"허허, 하지만 사랑아. 너도 6학년이 되면 공부가 어려워져서 학원에 다니고 싶다고 엄마에게 말했었잖니. 그래서 학원을 다니기로 한 게 아니냐?"

"그, 그땐 그랬지만, 하지만 지금 제가 하는 공부가 우리 인격을 수양하는 공부인 건 아니잖아요."

사랑이의 말에 할아버지는 말없이 빙그레 웃음만 지었습니다.

격몽요결 배우기

진정한 공부의 시작

매일 학교에 가고, 학원에 가면서 내가 왜 공부를 하는지 생각해 본 적이 있나요?
처음 공부하는 어린이들을 위한 책 《격몽요결》의 첫 장을 보면, 공부를 하겠다고 마음을 먹은 사람은 먼저 공부하는 뜻부터 세워야 한다고 합니다.

> "처음으로 공부하는 사람은 반드시 어떻게 공부할 것인지 뜻을 먼저 세워야만 한다."

지금이나 옛날이나 공부는 쉬운 일이 아닙니다. "열심히 공부할 거야!"라고 마음을 단단히 먹어도 편히 쉬고 싶은 마음, 놀고 싶은 마음에 그 결심이 흐트러지기가 쉽지요. 그래서 율곡 선생님은 공부를 시작하는 사람에게 내가 왜 공부하는지 그 뜻을 분명히 해 두기를 권한 것입니다. 공부하는 목표가 분명해야 마음이 흐트러질 때마다 자신을 다잡을 수 있으니까요.

이때 중요한 것은 공부하는 목표가 다른 사람의 뜻에 휘둘려서는 안 된다는 점입니다. 선생님과 부모님의 말씀은 귀 기울여 듣되, 그것을 곰곰이 생각해 보아야 합니다. 경험이 많은 어른의 말씀에는 좋은 내용이 많지만, 그것이 나의 뜻과 맞는지, 내가 이해하고 받아들일 수 있는지 충분히 생각해야 합니다. 그리고 내가 공부를 왜 하는지, 대학에 가면 무엇이 좋은지를 스스로 고민하고 답을 구해 보세요. 거기에서부터 여러분의 진정한 공부가 시작되는 것입니다.

공부를 하는 이유

"사랑아, 지금 네가 하고 있는 공부가 너를 위한 공부가 아닌 것 같으냐?"

사랑이는 할아버지 물음에 쉽게 답하지 못했어요. 사랑이는 국어랑 사회 공부를 할 때는 정말 재미있어서 수업 시간에 선생님 이야기에 푹 빠져들어요. 또 수학을 배우지 않았으면 더하고 빼고 곱하는 걸 몰라서 계산을 못 했을 테고……. 곰곰이 생각해 보니 지금 공부하는 것이 사랑이에게 도움이 안 되는 것은 아니었어요. 하지만…….

"하지만 할아버지, 공부를 잘한다고 해서 성품이 훌륭해지는 건 아니에요. 공부 잘하는 친구 중에 못된 애들도 많아요. 자기만 알고 선생님께 버릇없이 굴고, 친구들한테 얄밉게 굴면서요."

"그래. 공부를 잘한다고 해서 꼭 성품이 바르고 훌륭해지는 것은 아니란다. 성품은 시험 성적으로 알 수 있는 것도 아니고 말이다. 하지만 그렇다고 해서 학교에서 배우는 공부를 '위기지학이 아니다.'라고 말할 수는 없단다."

할아버지는 잠시 말을 멈추었다가 이야기를 이었어요.

"인격을 수양하는 공부는 무엇을 배우는지가 중요한 것이 아니란다. 내가 훌륭한 성품을 지닌 사람이 되고자 마음을 먹고 노력하는 것이 가장 중요하지. 옛 사람들은 어떠한 상황에서든 스스로 훌륭한 사람이 되고자 하는 노력을 그치지 않으면 누구든 본래의 훌륭한 성품을 드러낼 수 있다고 믿었단다. 사람의 마음은 본래 모두 선하다는 믿음을 가지고서 말이다."

사랑이는 할아버지 이야기에 귀를 기울였어요.

"내가 가장 존경하는 율곡 선생님은 훌륭한 성품을 지닌 사람이 되고자 무엇을 하든 항상 바른 마음으로 최선을 다했단다. 과거 시험을 준비할 때는 무려 아홉 번이나 수석 합격을 할 만큼 열심히 준비했고, 벼슬길에 올라서는 늘 어떻게 하면 백성들이 더 행복하게 살 수 있을까 궁리하고 그것을 실천하려고 노력했지. 또, 모든 사람이 하늘처럼 귀하게 여기고 어려워한 임금에게 '임금으로서 이러이러한 태도를 갖추셔야 합니다.' 하며 임금의 태도를 바로잡는 글을 써서 올렸단다. 임금과 다른 신하들에게 미움받고 싶지 않아서 누구도 나서지 않는 상황에서 말이다."

"재능이 많은 분이셨나 봐요."

할아버지의 이야기를 듣던 사랑이가 말했어요.

"그래. 재능도 많았겠지만, 매 순간 어느 자리에 있건 훌륭한 사람이 되고자 노력했기에 가능했던 것 같구나."

"어휴, 어떻게 매 순간 최선을 다해요?"

"이렇게 생각하면 어떻겠니? 아빠는 아빠대로, 엄마는 엄마대로, 학교에서 선생님은 선생님대로 학생은 학생대로 제 할 일을 잘 찾아서 하면 결국에는 모두가 사람다운 사람, 훌륭한 사람이 되지 않을까?"

사랑이는 할아버지 말에 고개를 끄덕였어요. 그러다 문득 뭔가 눈치 챈 듯, 잠시 할아버지 얼굴을 바라보던 사랑이는 피식 웃으며 일어났어요.

"어휴, 알았어요. 사람다운 사람, 훌륭한 사람이 되기 위해서는 어쨌든 지금 학원에 가야 한다는 거죠? 할아버진 항상 이렇게 나를 꼼짝 못 하게

하세요. 알았어요, 알았어. 학원에 갈게요. 가요."
 사랑이는 부리나케 제 방으로 달려가 가방을 챙겨 들고 현관으로 갔어요. 부엌 쪽을 향해서 "엄마, 아까는 화내서 미안해. 나 학원에 갔다 올게. 이따가 맛있는 간식 해 줘." 하고는 냅다 밖으로 달려 나갔습니다.

격몽요결 배우기

훌륭한 사람은 어떤 사람일까?

《격몽요결》의 서문에는 이런 말이 있습니다.

"학문이란 것은 이상스럽거나 별다른 것이 아니다. 그저 아버지 된 사람은 자애롭고, 자식 된 사람은 효성스러우며, 신하 된 사람은 충성스러워야 한다. 부부 사이에는 지켜야 할 도리를 지키고, 형제 사이에는 우애가 있으며, 젊은이는 어른을 공경하고, 친구 사이에는 믿음과 의리가 있어야 한다. 이렇게 일상의 모든 일에 있어서 만나는 일마다 그 일에 따라 각기 마땅한 행동을 할 뿐이다."

율곡 선생님은 공부가 이상스럽고 별다른 일이 아니라, 일상에서 만나는 모든 일마다 그 일에 따라 각기 마땅한 행동을 하는 것이 곧 공부라고 합니다. 그래서 율곡 선생님은 선비로서 학자로서 신하로서 정치가로서, 언제 어느 자리에서건 자신이 해야 할 일을 열심히 찾아서 실천하려고 노력했습니다. 그렇기에 오늘날 훌륭한 사람으로 손꼽히는 것이지요.

그런데 우리가 흔히 위인이라고 부르는 사람들만이 훌륭한 사람이라고 할 수 있을까요?

숲에 가면 우뚝 솟은 커다란 나무와 화려한 꽃들이 가장 먼저 눈에 들어옵니다. 하지만 찬찬히 숲을 살피면 작은 곤충들과 이끼, 이름 모를 풀과 크고 작은 돌, 개울과 연못 등 수많은 것들이 숲을 이루고 있지요. 각각이 제 역할을 하며 서로 조화를 이루기에 숲이 제 모습을 가지고 있을 것입니다.

세상도 숲과 같습니다. 역사적으로 유명한 사람도 있고, 유명하지 않은 사람도 있는 법입니다. 그렇지만 자기가 맡은 일에 최선을 다하며 하루를 열심히 사는 수많은 평범한 사람들, 이런 사람들도 훌륭한 사람이라고 할 수 있지 않을까요?

큰 꿈을 갖자

　일요일입니다. 아침 식사를 한 후에 온 가족이 거실에 앉아 과일을 먹고 있습니다. 사랑이 가족은 사랑이, 할아버지, 할머니, 엄마, 아빠 그리고 초등학교 3학년인 남동생 평화까지 모두 여섯 식구예요. 과일을 먹으면서 함께 텔레비전을 보는데, 세계의 다양한 직업을 소개하는 프로가 나왔어요. 모두 별의별 직업이 다 있다면서 재미있게 텔레비전을 보는데, 평화가 불쑥 말했어요.

　"아빠, 나도 저렇게 큰 버스를 운전하는 사람이 될 거예요."

　"그래? 왜?"

　"멋있잖아요. 커다란 차도 몰고 여기저기 다니면서 구경도 많이 할 수 있고요."

"너 지난번엔 중국집 할 거라면서."

평화의 이야기에 사랑이가 끼어들었어요.

"어머, 대학교수가 될 거라더니."

엄마도 동그란 눈을 더 크게 뜨며 말했어요.

"에이, 그게 언제 적인데. 몰라. 이젠 아니야."

평화는 슬며시 눈웃음을 지으며 고개를 저었어요. 어려서부터 평화는 되고 싶다는 꿈이 많았어요. 대통령, 장군, 소방관, 경찰관, 신문 기자, 가수 등등…….

"평화야, 아빠도 네가 대학교수가 되고 싶다는 얘기까진 들었어. 그런데 왜 버스 운전사로 바뀌었니?"

"왜요 아빠? 버스 운전사는 안 좋은 직업이에요?"

"그건 아니야. 세상에 어떤 직업도 좋다 나쁘다 할 순 없어. 모두 이 세상에 필요한 일이고 누구나 자기가 맡은 일을 잘해야 다른 사람들이 편하고 행복하지 않겠니? 아빠는 네 꿈이 왜 바뀌었는지 궁금해서 물은 거야."

아빠의 말에 평화는 아무렇지 않게 답했어요.

"아, 왜냐하면 대학교수가 되려면 공부를 굉장히 잘해야 하더라고요. 근데 전 공부를 잘 못하잖아요."

"그래? 그럼 그 전에 장군이 되겠다는 건?"

"군인이 되면 힘든 훈련을 많이 받아야 하는데 저는 힘쓰는 일은 잘 못할 거 같아요."

"그럼 가수는?"

"제가 노래를 잘 못 부르니까요."

평화의 말에 아빠는 실망하는 기색을 보이더니 심각한 표정으로 말했어요.

"아빠가 보니, 평화는 무슨 일을 하기도 전에 '나는 안 돼.' 하는 생각부터 하는구나. 왜 시작도 안 해 보고 미리 안 된다고 생각하니? 누구나 뭐든지 될 가능성을 가지고 태어나는 법인데."

"전 잘하는 게 별로 없는 것 같아요."

아빠 말에 평화는 어깨를 축 늘어뜨리면서 말했어요.

"평화야. 시작도 안 해 보고 그럴 필요는 없어. 내가 하고 싶은 게 뭔지 찾으면 계획을 세우고 일단 해 보는 거야. 그렇게 차근히 하다 보면 진짜 내가 잘하는 일을 찾게 된단다."

"정말 그럴까요, 아빠?"

"그럼. 그렇고말고. 누구나 큰 꿈을 가져야 한단다. 그래야 그걸 이루기 위해서 열심히 노력하지. 미리부터 '난 안 돼.' 하고 물러서면 나중에는 정말로 아무것도 못 하는 사람이 되고 말아. 할아버지께서 늘 말씀하시는 율곡 선생님 알지? 그분도 반드시 성인지혜와 덕이 매우 뛰어나서 길이 우러러 본받을 만한 사람이 되겠다는 큰 뜻을 품고 열심히 노력해서 결국에는 훌륭한 위인이 되신 거 아니겠니."

평화는 아빠의 이야기를 가만히 듣다가 중얼거립니다.

"율곡 선생님이요? 많이 들어 본 이름인데……."

"그래, 여기 이분 말이다."

아빠는 지갑에서 오천 원짜리 한 장을 꺼내어 평화에게 보여 주었어요. 평화는 "어디요, 어디요." 하면서 아빠에게 돈을 받아서 이리저리 살피더니 갑자기 인사를 꾸벅했어요. 그러고는 "아빠 고맙습니다. 율곡 선생님을 잘 보고 배워서 훌륭한 사람이 될게요." 하고는 돈을 들고 냅다 달아났답니다.

격몽요결 배우기

'나는 할 수 있다!'고 자신을 믿어요

"처음 공부하는 사람은 먼저 뜻을 세우되 반드시 성인(聖人)이 될 것을 스스로 기약해야 하며, 조금이라도 자기 자신을 별 볼 일 없다고 여기고 뒤로 물러나려는 생각을 가져서는 안 된다."

"맹자가 사람의 본성은 본래 착하다고 하면서, 그 착한 본성을 잘 갈고 닦으면 누구나 성인(聖人)이 될 수 있다고 하였다. 맹자처럼 현명한 분이 어찌 우리를 속이며 거짓말을 하시겠는가."

마라톤을 뛸 때 '끝까지 뛰겠다.'고 한 사람과 '절반만 가겠다.'고 한 사람이 갈 수 있는 거리와 힘든 정도가 같을까요? 사람은 자기가 목표한 만큼, 마음먹은 만큼 자신의 재능을 쓰고, 노력할 힘을 얻는다고 합니다. 그래서 율곡 선생님은 공부에 뜻을 세우는 일만큼 중요한 것이 '나는 할 수 있다.'고 자신을 믿는 것이라고 했어요.
자신에 대한 믿음이 부족하면 꿈과 계획을 제대로 실천할 수가 없어요. 스스로를 믿는 마음이 커야, 자신감도 커져서 두려움 없이 도전하고, 혹시 실패했을 때에도 다시 일어설 힘을 낼 수 있습니다.
그리고 꿈은 크게 가지세요. 큰 꿈을 가져야 만에 하나 그 꿈을 이루지 못했더라도, 작은 꿈을 꾸고 이루지 못했을 때보다 더 많은 것을 이루었을 테니까요.
꿈은 크게 가지고, '나는 할 수 있다!'고 믿으세요.

마음공부부터 먼저

뉴스에서 어떤 사람이 성형 수술을 받다가 목숨을 잃었다는 소식이 전해졌어요. 사랑이는 사고를 당한 사람이 안됐다고 생각하면서 한편으로는 걱정이 됐어요. 사랑이도 이다음에 커서 코를 높게 세우고 싶었거든요. 함께 뉴스를 보던 엄마가 아빠에게 말했어요.

"요즘에는 성형 수술을 너무 쉽게 생각하는 것 같아요."

"그러게 말이야. 우리 회사 후배가 그러는데 요즘에는 성형한 사람이 너무 많아서 거리에 사람들이 비슷해 보인다잖아."

"맞아요. 여보. 예쁘고 잘생긴 사람들을 보면 생김새가 비슷해 보여요."

엄마와 이야기를 나누던 아빠가 사랑이에게 물었어요.

"사랑이도 나중에 크면 성형 수술을 하고 싶니?"
아빠 물음에 엄마가 먼저 답합니다.
"우리 사랑이가 손댈 곳이 어디 있다고요. 그렇지, 사랑아?"
"어? 응. 그, 그럼."
사랑이는 엉겁결에 거짓말을 했어요. 그때 흔들의자에 앉아 있던 할아버지가 혀를 차며 말했어요.
"요즘은 자기 몸을 너무 함부로 다루는 것 같구나. 신체발부(身體髮膚)는 수지부모(受之父母)라고 했는데 말이다."
"그게 무슨 뜻이에요?"
사랑이가 물었어요.

"우리 몸은 부모에게 받은 것이니 소중히 여겨서 털끝 하나라도 상하지 않게 해야 한다는 뜻이란다. 우리 몸이 상하지 않아야 부모님 마음도 아프지 않게 할 수 있으니 그것이 바로 효도의 시작인 셈이지. 그래서 구한말조선 말기에서 대한 제국까지의 시기에 일본의 압력으로 머리를 짧게 깎도록 한 단발령이 내려졌을 때 많은 유학자들이 '차라리 이 목은

자를지언정 머리는 못 자른다.'고 했던 거란다."

"에이, 할아버지. 어떻게 목숨하고 머리카락을 맞바꿔요?"

"이때의 머리카락은 단순한 머리카락이 아니지. 잘 생각해 보렴. 털 끝 하나라도 상하지 않아야 효도라고 믿은 사람에게 머리카락을 자른다는 것은 무슨 뜻이겠니? 효도를 포기하라는 말과 같단다. 그러니 머리카락을 자를 바에는 차라리 죽음을 택하겠다고 한 것이란다."

사랑이는 할아버지 이야기를 듣고 조금 놀랐어요. 자신이 지키고자 하는 가치를 위해서 목숨까지 바칠 각오를 하다니…….

"요즘의 성형 수술은 대중매체의 영향이 크고, 무엇보다 남에게 잘 보이고 싶은 마음 때문에 많이들 하는 것 같구나. 어떠냐? 남을 위해 공부하는 위인지학과 다를 바가 없지?"

사랑이는 할아버지 물음에 가만히 고개를 끄덕였어요.

"예부터 우리 선조들은 겉모습보다는 마음공부에 더 큰 뜻을 두었단다. 마음은 원래 고귀하고 선한 것이어서 그 마음을 잘 살리고 가꾸면 반드시 바르고 선한 사람이 된다고 믿었지. 그래서 제아무리 겉모습이 멋지고 아름다워도 마음이 바르지 못한 사람은 훌륭한 사람이라고 인정하지 않았어. 또 겉모습이 흉해도 마음이 곱고 성품이 좋으면 훌륭한 사람이라고 했고 말이다. 사랑아, 너는 어떠냐? 외모를 가꾸는 것이 마음을 가꾸는 것보다 더 훌륭하고 좋은 것 같으냐?"

"음, 전 착하고 바른 마음이 중요한 거 같아요. 아무리 멋진 외모여도 못된 사람은 싫거든요."

"역시, 우리 딸 사랑이 최고!"

사랑이의 야무진 말에 아빠가 엄지손가락을 치켜세우며 칭찬했어요. 사랑이는 기분이 좋았어요. 생각이 한 뼘 자란 것 같았고, 그것만으로도 멋진 사람이 된 것 같은 기분이 들었거든요.

"사랑아, 엄마는 효도 때문이 아니어도, 네가 자신을 소중히 여기고 사랑했으면 좋겠어. 세상에 단 하나뿐인 너의 특별한 모습을 다른 사람들 기준에 따라 바꿔야 하는 건 정말 바보 같은 짓이니까."

"알아요. 엄마. 개성 있는 모습이 더 매력적이란 거. 그러니 저는 할아버지 말씀대로 마음공부만 잘하면 돼요."

"그래. 더불어서 학교 공부도 함께 잘하자! 이건 효도 때문에 특별히 부탁하는 거야."

"엄마!"

엄마의 마지막 부탁에 그만 사랑이도 아빠도 할아버지도 모두 웃음을 터뜨렸답니다.

격몽요결 배우기

마음을 가꾸는 공부

"사람의 용모는 추한 것을 예쁘게 바꿀 수 없고, 체력은 약한 것을 강하게 할 수 없고, 키가 작은 것을 크게 만들 수 없으니, 이는 모두 타고난 것으로 고칠 수가 없다. 그러나 마음과 뜻은 어리석은 것을 지혜롭게 고칠 수 있고, 못난 것을 현명하게 고칠 수 있다. 이는 타고난 성품에 구애받지 않기 때문이다. 지혜로운 것보다 아름다운 것이 없고 어진 것보다 귀한 것이 없는데, 어찌하여 어질고 지혜롭게 되지 못하여, 하늘이 부여한 본성을 방치는가."

사람의 본성은 착하다고 주장하는 것이 성선설입니다. 어린아이가 위험에 처했을 때 누구나 달려가 구하려고 하는 걸 보면 이 주장이 맞는 것 같습니다. 반대로 사람의 본성은 악하다고 주장하는 것이 성악설입니다. 많은 사람이 이기적으로 행동하고 다른 사람의 고통을 외면하는 것을 보면 이 주장이 맞는 것 같기도 합니다. 그런가 하면 사람의 마음은 하얀 백지와 같아서 그가 어떤 환경에서 어떻게 자라느냐에 따라

색깔이 달라진다는 주장도 있습니다. 이것 또한 생각해 보면 맞는 주장 같기도 합니다.

율곡 선생님을 비롯한 유학자의 대부분은 성선설을 믿었습니다. 그래서 우리가 하늘이 내려 준 지혜롭고 어진 본래의 마음을 되찾으려고 노력하면 어리석은 마음과 생각이 지혜롭고 현명하게 된다고 주장했지요. 그리고 지혜롭고 어진 본래의 마음을 되찾으려고 노력하는 것이 바로 '우리가 나아가야 할 올바른 길'이라고 했지요.

누구나 자기의 마음을 잘 다스리는 공부를 하면 지혜롭고 어진 본래의 마음을 찾게 되고, 지혜롭고 어진 마음이 되면 저절로 공부도 제대로 할 수 있게 되지 않을까요?

若無容 無語 味常

2 장

좋지 않은 태도를 없애자

나쁜 습관 고치기

우당탕퉁탕! 요란하게 복도를 뛰는 소리가 들립니다. 오늘도 평화는 지각입니다. 지각 대장 평화가 사는 곳은 놀랍게도 학교 바로 옆이랍니다.

담임 선생님은 이마에 골을 만들고는 팔짱을 낀 채 평화 앞에 서서 물었어요.

"오늘은 왜 늦었니?"

"엄마가 늦게 깨워서 늦게 일어났어요. 그리고 저기 찻길을 건너다가……."

평화의 말에 선생님은 두 눈을 동그랗게 뜨고 묻습니다.

"왜? 찻길에서 무슨 일이 있었는데?"

"강아지가……."

"강아지가? 왜? 무슨 사고라도 났어?"

"아니요, 강아지가 뛰어가는 게 귀여워서 그거 보다가……."

선생님은 고개를 푹 숙이며 한숨을 내쉬었어요.

"그리고 또."

"또, 문방구에 들려서…… 게임을……."

"평화야. 어쩌면 너는 아침에 등교하면서 할 일, 하지 말아야 할 일을 구별을 못하니?"

"죄송해요. 앞으론 안 그럴게요."

"너 그렇게 말한 게 벌써 몇 번째인지 알아?"

"네. 근데 그게 잘 안 고쳐져요."

"고쳐야 한다는 건 알고 있니?"

평화는 고개를 푹 수그린 채 기어 들어가는 목소리로 조금씩 고쳐 나가겠다고 말했어요. 선생님은 교탁 앞에 서서 아이들을 바라봤어요.

"여러분. 나쁜 습관을 고치려면 단단히 결심을 하고 한 번에 확실히 끊어 버려야지 천천히 조금씩 고치는 건 더 힘들어요. 알겠어요?"

"네!"

아이들은 큰 소리로 대답했습니다. 그때 반장인 세현이가 말했어요.

"선생님. 저도 나쁜 습관을 고치고 싶은데 고치는 것이 쉽지가 않아요."

세현이의 말에 여기저기에서 아이들이 고개를 끄덕였어요.

"그래요. '세 살 버릇이 여든 살까지 간다.'는 말처럼 습관을 고치는 건 쉬운 일이 아니에요. 좋아요. 오늘 아침에는 우리 같이 습관을 고치는 방법에 대해 이야기를 해 볼까요?"

선생님은 평화에게 먼저 물었어요.

"평화야. 네가 다른 친구들처럼 학교로 곧장 오지 않는 이유를 말해 줄 수 있니? 선생님이 뭐라고 하지 않을 테니."

평화는 머뭇거리다가 조그마한 목소리로 우물우물 말했어요.

"하, 학교에 오면 공부만 해야 하니까 재미없어요. 수업 시간에 무슨 말인지도 잘 모르겠고요."

"그래? 그럼 선생님한테 잘 모르겠다고 물어보지."

"다른 아이들은 전부 아는 것 같아서 모른다고 묻기가 창피해요."

"그랬구나. 여러분. 학교는 새로운 것을 배우려고 오는 곳이면서 또한 친구들과 함께 어울리려고 오는 곳이기도 해요. 선생님도 어릴 때 평화처럼 선생님 말씀이 무슨 말인지 모르겠고, 그렇다고 질문하자니 창피해서, 모르는 건 모르는 채로 그냥 넘어갔었어요. 그러니 수업 시간이 하나도 재

미없었죠. 그러다 4학년 때 만난 담임 선생님께서 첫날 이런 이야기를 해 주셨어요. '학교는 몰랐던 것을 질문하고, 틀려 가며 새로이 알아 가는 곳이다. 그러니 마음껏 틀리고, 마음껏 질문하렴.'"

선생님은 잠시 말을 멈추고 아이들을 찬찬히 바라보았어요.

"선생님도 여러분에게 그때 들은 이야기를 그대로 전해 주고 싶어요. 학교에서는 틀리는 것, 몰라서 질문하는 것이 당연하다는 것을요. 특히 평화, 알겠니?"

평화는 선생님 물음에 고개를 크게 여러 번 끄덕였지요.

"선생님도 학교에서 손꼽히는 말썽꾸러기였지만, 4학년 때 담임 선생님의 말씀을 들은 이후로 수업 시간에 질문하는 것을 부끄럽게 생각하지 않았어요. 모르는 것이 있을 때마다 질문을 했죠. 그랬더니 어느 날부턴가 시험을 볼 때 모르는 것보다 아는 것이 많아졌어요. 성적이 좋아지니 다른 친구들이 모르는 것을 물어보기 시작했죠. 선생님은 친구들에게 문제를 설명해 주면서 내가 가르치는 일을 좋아한다는 것을 알게 되었고, 그래서 이렇게 선생님이 되어서 여러분을 만나게 된 것이랍니다. 이렇게 생각이 바뀌면 행동이 바뀌고, 행동이 바뀌면 습관이 바뀌고, 습관이 바뀌면 인생이 바뀌어요. 여러분도 오늘부터 고치고 싶은 습관을 하나씩 고쳐 보세요. 내가 왜 이런 습관이 들었는지 생각해 보고 생각을 바꾸고, 행동을 바꿔 보세요."

선생님은 말을 마치고 평화를 바라보며 말했어요.

"평화는 앞으로 학교에서 모르는 것이 있으면 창피해하지 말고 질문하렴. 그리고 하나 더! 집에 가서 '학교에 지각하지 않고 10분 일찍 도착하기'라는 다짐을 크게 써서 잘 보이는 곳에다 붙여 놓으렴. 그리고 매일 자기 전에 그 다짐을 읽으면서 네가 학교에 10분 일찍 도착하는 모습을 상상해 봐. 그럼 분명 평화도 지각하는 습관이 고쳐질 테니 말이다."

"선생님!"

"왜, 평화야? 뭐, 질문 있니?"

선생님은 평화가 선생님 말을 바로 실천하는 게 기특했어요. 빙그레 웃으며 평화를 바라봅니다.

"선생님, 그럼 저를 늦게 깨우는 엄마의 나쁜 습관은 어떻게 고쳐야 하나요?"

"응? 그, 그, 그건 글쎄다."

평화의 엉뚱한 질문에 선생님이 당황하신 듯 말씀을 잘 잇지 못하자 아이들이 큰 소리로 웃어 댔습니다.

격몽요결 배우기

나쁜 습관 고치기

"사람이 비록 학문에 뜻이 있어도 용맹스럽게 앞으로 나아가 성취하지 못하는 것은 옛 습관이 방해하기 때문이다. 의지를 굳게 다듬어 옛 습관을 확실하게 끊어 버리지 못한다면, 끝내 학문을 할 바탕이 만들어지지 않을 것이다."

잘못을 저지르고 실수하는 것보다 중요한 건 내가 잘못한 일이 무엇인지 빨리 알아차리고 다시 반복하지 않도록 철저히 고치는 것입니다.
율곡 선생님은 공부하는 데 방해가 되는 나쁜 습관은 확실하게 끊어 없앤 다음에야 비로소 공부를 제대로 할 수 있다고 했습니다. 그리고 그런 나쁜 습관을 고치려면 단단히 결심하고 한 번에 확실하게 끊어버려야지 천천히 조금씩 고치는 건 더 힘들다고 했지요.
습관을 고치는 건 쉬운 일은 아니에요. 하지만 절대 못 할 일도 아니랍니다.
질문하는 건 창피한 일이라고 생각했던 평화네 담임 선생님이 질문하는 건 당연한 일이라고 '생각'을 바꾼 후부터 질문하기 시작했고, 공부가 재미있어졌지요. 하나의 '생각'이 바뀌면 '행동'이 바뀌고, '습관'이 바뀌어요.

여러분도 고치고 싶은 습관이 있다면, 그러한 습관이 왜 생겼는지를 먼저 생각해 보세요. 그리고 그 생각부터 바꿔 보세요. 쉬운 일은 아니겠지만, 고치겠다는 결심을 일기에 적어 놓거나 책상 앞에 크게 써서 붙여 둔다면 분명 나쁜 습관은 사라지고 새로운 좋은 습관이 들 것입니다.

바른 자세,
바른 생각

사랑이의 담임 선생님은 대학교를 갓 졸업하고 처음 학교에 오신 젊은 여자 선생님이에요. 아이들이 수업 시간에 떠들어도 크게 혼을 내지 않고 아이들과 재미있는 이야기도 곧잘 나누지요. 반면에 사랑이의 옆 반은 무섭기로 유명한 호랑이 선생님이 담임 선생님이에요. 아이들은 수업 시간은 물론이고 쉬는 시간에도 숨죽인 채 꼼짝없이 앉아 있지요. 그래서 옆 반 친구들은 사랑이네 반 분위기가 자유롭다며 부러워한답니다. 그런데…… 사랑이는 요즘 아이들의 수업 태도가 너무 엉망인 것 같아서 불편해요. 수업 시간인데도 1분단에 앉은 아이가 4분단에 앉은 친구에게 큰 소리로 뭘 물어보지를 않나, 졸리다고 엎드려서 자지를 않나, 의자에 비스듬히 앉아서 옆 분단에 앉은 친구에게 발로 장난을 치는 등 모두 제각기 자기가 하고 싶은 대로 해요. 사랑이도 이런 자유로운 분위기가 처음에는 좋았어요. 하지만 지금은 선생님이 앞에서 뭐라고 말하는지 들리지도 않고, 다른 친구들의 행동이 선생님을 무시하는 것 같아 죄송하기도 했어요.

오늘은 유난히 더 시끄러웠어요. 선생님도 여러 차례 조용히 하라고 말했지만 소용이 없었어요. 그때였어요. 노크 소리와 함께 앞문이 열리더니 교장 선생님이 나타났어요. 담임 선생님은 깜짝 놀라서는 교장 선생님에게 달려갔고, 교장 선생님과 몇 마디 말을 나누고는 앞문으로 교실을 나갔어요. 그러고는 교장 선생님이 선생님 대신 아이들 앞에 섰지요. 사랑이는 교장 선생님이 무슨 일로 오셨을지 궁금했어요.

"여러분에게 자유란 무엇인가요?"

아이들은 모두 꿀 먹은 벙어리처럼 아무 말도 못 했어요. 그때 반장이 손을 들고 말했어요.

"자유는 하고 싶은 대로 마음껏 할 수 있는 것입니다."

"그래요. 자유는 하고 싶은 대로 마음껏 할 수 있는 거예요. 인간이라면 누구나 누리고 가지고 행할 수 있는 것이지요. 자, 그럼 지금부터 교장 선생님은 여러분에게 자리에 꼼짝 않고 앉아서 수업을 들으라고 말하고 싶어요. 그럼 이것도 나의 '자유'가 맞나요?"

"그건 교장 선생님의 자유일지는 모르겠지만 저희들의 자유와는 다릅니다. 저희는 자리에 꼼짝 않고 앉아서 수업을 듣고 싶지 않습니다. 왜냐하면 공책에 필기도 해야 하니까요."

사랑이의 짝꿍 지유가 새침한 목소리로 말했어요.

"그래요. 그럼 수업 시간에 선생님이 설명하고 있는데 내 마음대로 움직이고, 엎드려 자고, 큰 소리로 떠드는 것은 '자유'가 맞나요?"

교장 선생님의 질문에 모두들 아무 말도 하지 못하고 선생님의 눈치만 살폈어요. 사랑이가 조심스럽게 손을 들고 말했어요.

"그건 잘못된 자유입니다. 왜냐하면 다른 친구들과 선생님에게 불편함을 주고 피해를 주니까요."

"그래요. 설명을 잘했어요. 자유란 하고 싶은 대로 마음껏 할 수 있는 것이지만, 학교처럼 여러 사람이 함께 생활하는 공간에서는 다른 사람에게 피해를 주지 않는 한에서 이뤄져야 하는 것이지요. 역시 6학년 맏이답군요. 어려울 법한 이야기인데 아주 잘 이해하고 있어요."

아이들은 교장 선생님의 칭찬이 부끄럽게 느껴졌어요. 그동안 자신들의 행동이 초등학교에 갓 입학한 1학년 학생들과 별 다를 바가 없었기 때문이지요.

"여러분, 이율곡 선생님을 알고 있지요?"

사랑이는 교장 선생님 물음에 냉큼 손을 들고 이야기했어요.

"알아요. 선생님. 조선 시대 정치가이자 사상가, 교육가인 분이에요."

"이야!"

아이들은 사랑이의 재빠른 대답에 놀라워했어요.

"허허허, 아주 정확히 알고 있네요. 그래요. 이율곡 선생님은 조선 시대 훌륭한 정치가이자 사상가, 교육가

로 어린 학생들에게 공부하는 법을 알려 주는 책 《격몽요결》을 지었어요. 그 책에 보면 공부하는 사람으로 갖춰야 할 아홉 가지 바른 자세가 있어요."

교장 선생님은 목소리를 가다듬고 말을 이었습니다.

"선생님이 수업 시간에 지켜야 할 바른 자세로 바꿔서 이야기해 줄게요. 첫째, 수업 시간에 마음대로 자리를 이동하지 않기. 둘째, 핸드폰으로 문자를 보내거나 공책에 낙서를 하는 등 손을 움직여 딴짓하지 않기. 셋째, 선생님을 바라보고 선생님 이야기에 집중하기. 넷째, 선생님이 설명할 때에 친구와 수다를 떨지 않기. 다섯째, 수업 시간에 재채기와 기침 소리를 일부러 내며 시끄럽게 하지 않기. 여섯째, 머리를 한쪽으로 기울이거나 비스듬히 하지 않고 자세를 바르게 하기, 일곱째, 일부러 큰 소리로 숨을 쉬며 장난치지 않기, 여덟째, 서 있을 때는 비스듬하게 서지 말고 똑바로 서기, 아홉째, 표정을 밝게 지니기. 어떤가요, 여러분 모두가 잘 지킬 수 있나요?"

아이들은 서로 눈치를 보며 대답을 못 했어요. 교장 선생님은 그런 아이들을 인자한 표정으로 바라봤어요.

"여러분, 마음이 차분하게 가라앉지 않으면 공부에 집중하기가 어려워요. 마음을 차분히 가라앉히려면 우선 자세를 바르게 갖는 게 좋습니다. 바른 자세에서 고요한 마음이 나오니까요. 오늘 선생님이 한 얘기를 잊지 말고 교실에 앉아 있을 때나 친구들과 얘기할 때, 거리에서 친구를 기다릴 때 등 언제 어디서나 항상 몸가짐을 바르게 하기를 바랍니다."

"네! 알겠습니다."

아이들은 교장 선생님의 말씀이 끝나기 무섭게 큰 소리로 대답했어요. 교장 선생님이 빙그레 웃으며 교실을 나갔는데, 이상한 일이 벌어졌어요. 담임 선생님도 없으니 시끌벅적 난리가 났을 법한데 반이 조용했어요. 시끄럽게 뛰어다니는 아이들도 없고, 화장실 가는 친구들도 조심조심 자리에서 일어나 나갔어요. 아이들은 조금 달라진 자신들의 모습을 보며 뭔가 쑥스럽기도 하고 신기한 것도 같아 서로 바라보며 웃었습니다.

격몽요결 배우기

공부하는 사람의 바른 태도

격몽요결에 나온 아홉 가지 바른 태도를 알아볼까요?

"첫째, 발은 무겁게 하라. 몸의 움직임을 가볍게 하면 안 된다. 그렇지만 만약 어른 앞을 지나갈 때는 여기에 얽매이지 말고 빠르게 지나야 한다. 둘째, 손은 공손히 하라. 손은 아무렇게나 놓아두어서는 안 된다. 일이 없을 때는 단정히 모으고 함부로 움직여서는 안 된다. 셋째, 눈은 단정히 하라. 시선을 바르게 두어야 하고 흘겨보거나 간사하게 보지 말아야 한다. 넷째, 입은 무겁게 하라. 말을 하거나 음식을 먹을 때를 제외하고는 항상 움직이지 말아야 한다. 다섯째, 목소리는 고요히 하라. 소리와 기운을 잘 가다듬어야 하며 재채기 등의 잡소리를 내지 말아야 한다. 여섯째, 머리는 곧게 하라. 머리를 곧게 하고 몸을 반듯이 세워야 하며 한쪽으로 기울이거나 비스듬하게 하지 말아야 한다. 일곱째, 기운은 엄숙히 하라. 숨쉬기를 잘 조절하고 소리가 나게 해서는 안 된다. 여덟째, 선 모습은 보기에 어질고 너그러운 데가 있게 하라. 한쪽으로 비뚤어지게 서지 말고 똑바로 서서 덕스러운 기상이 있어야 한다. 아홉째, 얼굴빛은 씩씩하고 위엄있게 가져라. 얼굴 모습은 가다듬고 게으른 기색이 없어야 한다."

공자와 그의 제자들의 이야기를 담은 《논어(論語)》라는 책에 보면 다음과 같은 이야기가 있습니다. 공자의 친구 중에 원양이라는 사람이 있는데, 어느 날 평상에 두 다리를 벌리고 걸터앉아서 공자를 맞이하였답니다. 이것을 본 공자는 "어려서는 공손하지 못하고, 어른이 되어서는 칭찬할 만한 일이 없고, 늙어서도 죽지 않는 것이 바로 도적이다." 하며 지팡이로 그의 정강이를 때렸답니다.

걸터앉는 게 뭐 그리 문제가 될까 하겠지만, 공자는 바르지 않은 자세 하나로 그 사람의 마음 전체를 알아차리고 꾸짖은 것입니다.

겉모습은 그 사람의 마음 상태를 보여준다고 합니다. 우리가 단정한 사람을 보고 왠지 모르게 믿음이 가는 것도 그와 같은 이유에서지요. 겉모습을 단정하게 하려고 노력하다 보면 저절로 마음도 단정해질 것입니다.

유혹과 싸워 이겨라

요즘 평화네 반에서는 스마트폰 게임이 유행이에요. 쉬는 시간에 재윤이 자리에 아이들이 몰려서 머리를 맞대고 옥신각신하고 있습니다. 평화도 그 틈에 껴 있었지요. 종이 울리고 선생님이 들어왔는데도 아이들은 흩어질 줄 모르고 게임에 빠져 있었어요. 평화는 재윤이 바로 다음 차례여서 더욱 더 발걸음이 떨어지지를 않았지요.

"평화야. 어서 자리에 가서 앉아야지."

"네."

터덜터덜 평화는 자리에 가서 앉았어요. 자리에 앉아서도 목을 빼어 재윤이 쪽을 바라봤어요. 재윤이는 아직 게임이 끝나지 않아서 책상 밑에 스마트폰을 숨기고 게임을 하고 있었지요. 그때였어요.

"박재윤. 스마트폰 갖고 나와."

선생님이 게임을 하고 있는 재윤이에게 무서운 목소리로 말했어요.

"이따 수업 끝나고 찾아가."

"네."

스마트폰을 빼앗긴 재윤이는 풀이 죽어서 자리에 앉았어요. 평화도 오늘은 더 이상 게임을 못 하겠다는 생각에 속상했어요. 그런 평화와 재윤이의 마음을 아는지, 모르는지 선생님은 아이들을 죽 둘러보고는 말했어요.

"요즘 보니까 쉬는 시간마다 스마트폰 게임을 하는 거 같구나. 게다가 매번 쉬는 시간이 끝나도 멈추질 못하고 수업 시간까지 방해하니 문제가 심각한 것 같아."

"죄송해요."

선생님의 심각한 표정에 몇몇의 아이들이 냉큼 잘못했다고 말했어요.

"왜 자꾸 게임을 하고 싶을까요?"

"게임이 자꾸 나를 부르는 거 같아요."

"그다음 단계, 그다음 단계로 빨리 올라가고 싶어져요."

"눈앞에 게임이 아른아른해요."

"밤에도 자다 말고 게임이 하고 싶어서 벌떡 일어날 때가 있어요."

아이들의 이야기를 듣던 선생님은 갑자기 '짝' 하고 손뼉을 마주치며 소리를 냈어요.

"오호, 심각하네. 그런 게 바로 중독이에요. 중독."

"중독이요? 중독은 나쁜 거잖아요. 게임 하고 싶은 게 왜 중독이에요?"

재윤이가 불만에 가득한 표정으로 물었어요.

"자기 의지와 상관없이 어떤 일을 끌려가듯 하게 된다면 그걸 중독이라고 할 수 있겠지요. 자기가 스스로를 통제하지 못하고 게임을 하고 싶은 유혹을 조절하지 못한다면 그건 담배 중독, 술 중독하고 다를 게 없어요."

몇몇 아이들은 뭔가 알겠다는 듯 고개를 끄덕였어요.

"선생님, 프로 게이머들은 매일 하는 일이 게임인 걸요? 그리고 저도 프로 게이머가 되고 싶은데 그러려면 게임을 매일 열심히 해야 하는 거 아닌가요?"

그사이 꿈이 바뀐 평화가 선생님에게 물었어요.

"프로 게이머들은 게임 하는 것이 그들의 일이죠. 하지만 평화 너는 지금 프로 게이머가 되고 싶은 것이지, 아직 프로 게이머는 아니잖니? 넌 지금 프로 게이머의 꿈을 꾸는 학생이란다. 그럼 학교에서 공부하는 것도 네가 해야 할 중요한 일이 아닐까? 그러니 학교에서는 공부를 열심히 하고 게임은 집에서 쉴 때에 정해진 시간만큼 연습을 하면 되지 않겠니?"

평화는 선생님의 말이 틀린 말이 아닌 것을 알기 때문에 가만히 고개를 끄덕였어요. 그래도 게임을 못 하게 된 속상한 마음은 쉽게 풀어지지가 않았지요.

"선생님은 여러분이 게임을 하는 것이 나쁘다고 생각하지 않아요. 게임에 너무 빠져서 해야 할 일들을 제대로 하지 못하는 상황이 염려되는 거예요. 어른들 중에서도 게임에 심각하게 빠져서 제대로 일상생활을 못하는 어른도 있어요. 게임 하느라고 자기 아이들을 방치해서 죽게 한 무서운 사건도 실제로 있었고요."

아이들은 선생님의 이야기 깜짝 놀라며 짧은 비명을 여기저기에서 내질렀어요.

"맛있는 것을 한번 맛본 사람이 맛없는 것을 일부러 찾아 먹을까요? 아니에요. 맛있는 것을 계속 먹고 싶은 게 대부분의 마음이에요. 게임도 마찬가지에요. 재미있는 게임을 하면 할수록 더 하고 싶어져요. 게임처럼 스스로 맺고 끊기가 쉽지 않은 것을 할 때는 규칙을 정해 두는 것이 좋아요. 아까 평화에게 말했듯이 '게임은 월, 수, 금요일에 한 시간만 한다.'는 식으로 말이에요. 내가 정한 규칙을 잘 지키면서 자기 마음을 조절하면 바로 그때에 우리가 우리 자신의 주인이 된다는 것을 명심하세요."

평화는 선생님의 마지막 말씀이 멋지다고 생각했어요. 평화는 '주인'이라는 말을 곰곰 되씹어 보았습니다.

격몽요결 배우기

세상에서 가장 이기기 힘든 것

"공부하는 사람은 한결같이 도를 향해야 할 것이니, 바깥 세상의 것에 지배되어서는 안 된다. 바르지 못한 것은 일체 마음에 두지 말아야 하니 고을 사람들이 모여서 만일 바둑·장기·쌍륙_{주사위를 던져서 나온 수만큼 말을 움직여서 궁에 빨리 들어가는 놀이} 등의 노름을 하거든 눈길도 주지 말고 물러나야 할 것이다."

세상에서 가장 이기기 힘든 것이 자기 자신이라고 합니다. 좀 더 정확히 말하면 자신의 마음을 이기는 일이 가장 힘들다는 뜻이지요. 게임을 시작할 때만 해도 '오늘은 몇 점 될 때까지만 해야지.' 합니다. 그러나 어찌어찌해서 그 점수에 도달하면? 좀 더 좀 더 하면서 게임을 끝내지 못하지요.

흔히 사람을 '만물의 영장'이라고 합니다. 세상에 존재하는 생명체 가운데 가장 지혜롭고 위대한 존재라는 뜻이지요. 먼 우주로 날아가는 눈부신 과학 기술과 위대한 문명을 이뤄 낸 것을 보면 맞는 말인 것도 같습니다만, 자기 자신을 이기는 건 왜 그리 어려울까요? 이른바 '만물의 영장'이라는 사람이 자신을 자기 뜻대로 조절하지 못하고 유혹에 끌려다닌다니 어째 좀 시시하다는 생각이 듭니다. '만물의 영장'이라는 명칭이 부끄럽지 않을까요?

언제나 말조심

사랑이네 교실 안이 시끌시끌합니다. 용섭이랑 영철이가 서로 치고받고 싸우는데 어찌나 무섭게 싸우는지 둘러싸고 선 아이들 누구 하나 말릴 생각을 하지 못했어요. 누군가가 뛰어가서 담임 선생님과 생활 지도 선생님을 부른 후에야 간신히 싸움이 멈췄어요. 영철이는 입술이 좀 터졌고 용섭이는 코피가 조금 났습니다. 둘 다 씩씩거리면서 분을 참지 못했지요. 담임 선생님이 둘을 붙들고 말했어요.

"얘기해 봐. 도대체 왜 싸운 거니?"

"용섭이가 먼저 욕했어요."

"네가 먼저 나를 놀렸으니까 그랬지. 새끼야."

"아니, 이 녀석이. 선생님이 있는데도 욕이야? 안 되겠다.

생활 지도부실로 따라와."

생활 지도 선생님이 욕을 한 영철이를 데리고 가려고 하자 담임 선생님이 말렸어요.

"서, 선생님. 잠깐만요. 제가 좀 데리고 타이를게요."

"괜찮으시겠어요? 그러시다면, 너희들. 선생님 말씀 잘 들어!"

생활 지도 선생님이 떠난 뒤에 담임 선생님은 어질러진 교실을 정리하고, 아이들을 자리에 앉혔어요.

"모두 자리에 앉았나요. 이제 마음이 가라앉도록 다 같이 명상을 합시다. 눈을 감고. 숨을 깊게 들이마시고, 내뱉고, 다시 들이마시고, 내뱉고. 한 번 더."

선생님이 자주 하는 '명상'은 할 때마다 번번이 아이들의 웃음을 샀지만, 오늘은 아이들이 웃지를 않고 선생님을 따라 했어요. 그만큼 용섭이와 영철이의 싸움은 아이들에게도 심각한 일이었으니까요.

"자, 이 싸움은 누가 먼저 시작했지?"

"용섭이가 저를 먼저 놀렸어요."

"뭐라고 놀렸는데?"

"'애자'요."

"애자? 그게 무슨 뜻이야?"

"장애자를 줄인 말이래요, 선생님."

선생님은 놀란 듯 잠시 말을 잇지 못했어요.

"우리가 무심코 쓰는 말도 남에게 상처를 주는데, 이런 말은 어떨까?

안 좋은 말인 줄 알면서도 썼으니, 말하는 사람도 교양 없어 보이고, 듣는 사람은 기분 나쁘고. 이 일과 전혀 상관없는 장애인과 장애인을 가족으로 둔 사람에게 큰 상처를 주는 거예요."

아이들은 아무 말 없이 고개를 끄덕였어요.

"사실 선생님은 너희들이 얘기할 때 깜짝 놀랄 때가 있어. 너희들 대화를 녹음해서 들으면 너희도 놀랄지도 몰라."

사랑이는 선생님이 무슨 말을 할지 궁금해서 귀를 기울였어요.

"너희가 말할 때에 욕설을 참 많이 쓰는 것 같아. 욕이 나쁜 말이란 건 알고 있지?"

"네."

"욕은 하는 사람에게나 듣는 사람에게나 좋은 것일 수가 없어요. 아주 부정적인 에너지가 말 속에 담겨 있기 때문에 모두에게 나쁜 영향을 줘요. 실제로 욕은 분노와 공포를 느끼게 하는 감정의 뇌를 강하게 자극한대요. 그래서 강한 욕설을 듣는 순간 이성의 통제력을 잃어버리게 되는 거예요. 또 욕을 할 때 나오는 침을 모아서 분석해 보니, 한 시간 내내 화를 내며 욕을 한 사람의 침에서는 한 마리의 쥐를 죽일 수 있는 독성 물질이 나온대요."

사랑이와 아이들은 선생님의 이야기를 듣고 깜짝 놀랐어요. 욕이 신체에 나쁜 영향을 주는 줄은 꿈에도 생각지 못했거든요. 선생님은 반 아이들이 욕에 대해 어느 정도 알아들었으리라 생각하고 이제는 싸운 아이들에게 이야기의 주제를 돌렸어요.

"'화가 날 때는 나중에 어려움이 닥칠 것을 생각해서 참아라.'라고 했어

요. 앞으로 화가 나는 일이 있을 때, 나중의 일을 생각해서 한 번 더 참아 보는 연습을 하세요. 처음엔 잘 안 되겠지만 그걸 자꾸 연습하다 보면 어느새 자기의 화를 다스릴 수 있게 될 거에요. 용섭이와 영철이뿐만 아니라 다른 친구들도 화가 날 땐 그 화를 한번 다스리도록 해 봐요. 우리 반은 앞으로 싸움 없는 반이 되면 좋겠어요."

"네."

사랑이는 선생님의 이야기를 곰곰 생각해 봤어요.

'세상 모든 사람들이 화를 다스리는 법을 알고 지키려 한다면…… 전쟁과 싸움이 없는 평화로운 세상이 되겠지?'

격몽요결 배우기

자나 깨나 말조심

"말 많고 생각 많은 것이 마음에 가장 해로우니, 일이 없으면 고요히 앉아서 마음을 보존하고, 남들과 만날 때는 마땅히 말을 가려서 간결하고 신중하게 해야 한다. 때에 맞게 말하면 말이 간결하지 않을 수 없으니, 말이 간결한 자는 도에 가깝다."

율곡 선생님은 말을 많이 하는 것과 잡념이 많은 것이 마음을 가장 해치는 것이라며 주의하라고 했어요. 공자 역시 '말의 중요성'과 '말조심'을 말했지요. 《논어》에 다음과 같은 내용이 나와요.

- 말은 몸의 매우 중요한 기틀어떤 일의 가장 중요한 계기나 조건이니, 그 말 때문에 전쟁이 일어나기도 하고 두 나라가 서로 사이가 좋아지기도 한다.
- 상서로움복되고 길한 일이 일어날 것 같은 조짐과 흉함, 영화몸이 귀하게 되어 이름을 세상에 빛냄와 욕됨은 오직 그 입이 부르는 바이다. 너무 말을 쉽게 하다 보면 허황해지고헛되고 황당해지다, 너무 말을 번거롭게 하다 보면 지루해진다.

- 자신이 말을 함부로 하면 남도 거슬리고, 나가는 말이 도리사람이 마땅히 행해야 할 바른 길에 어그러지면 오는 말도 이치에 어그러지는 것이다.

이번에는 말과 관련된 우리나라 속담을 찾아볼까요?

- 말 한마디로 천 냥 빚을 갚는다.
- 말 속에 칼 들었다.
- 말이 많으면 쓸 말이 적다.
- 가는 말이 고와야 오는 말이 곱다.

어느 나라, 어느 시대나 말로 생기는 문제가 그만큼 크니 말조심을 당부하는 것입니다. 우리도 쓸데없는 말을 줄이고, 남을 아프게 하는 말을 하지 않도록 조심해야겠지요?

用 使 欲 只 仁
功

3 장

계획과 실천

계획 세우기

"야호, 방학이다!"

"다녀왔습니다."

방학을 맞아 오전 수업만 한 사랑이와 평화가 집에 왔어요.

"그래 어서 와라. 씻고 간식 먹자. 그리고 너희들, 간식 먹은 후에 엄마랑 약속한 대로 방학 생활 계획표부터 짜야 한다."

"알았어요."

사랑이와 평화는 간식을 먹고 나서 각자 방으로 들어갔어요. 얼마나 거창한 계획을 짜는지 평화의 끙끙대는 소리가 거실에까지 들릴 정도였지요. 할아버지와 엄마는 기대에 찬 눈빛으로 흥미진진하게 아이들을 기다렸어요. 마침내 평화가 먼저 방문을 열고 나왔어요.

"아유, 다 짰다."

"수고했다. 어디 할아버지가 좀 볼까. 엥? 아이쿠."

엄마도 할아버지에게 평화의 계획표를 받아서 살펴 보았어요.

"어머나. 어쩜 이렇게."

"엄마. 잘 짰지? 근데 할아버지 반응은 왜 그러세요? 뭐가 잘못됐어요?"

"아, 이 녀석아, 이게 어디 계획표라고 할 수 있겠니?"

평화의 계획표는 온통 공부, 공부로만 가득 차 있었어요. 엄마의 반응은 '이렇게 열심히 공부하려는 걸 보니 우리 아들 다 컸네!' 하는 대견한 마음의 표현이었고, 할아버지의 반응은 '아니, 네가 이걸 어떻게 지키겠다고 이렇게 짰니?' 하는 걱정스러운 마음의 표현이었지요.

곧이어 사랑이가 계획표를 들고 나왔어요.

"여기 있어요 할아버지, 제 계획표."

"그래? 수고했다. 어디 보자. 아이구야. 어쩜 이렇게."

이번에도 할아버지는 이마를 손바닥으로 탁 치면서 엄마에게 사랑이의 계획표를 건넸어요.

"어머나, 아이구야. 어쩜 이렇게."

"왜 그래요? 두 분 다 반응이 똑같으시네요. 뭐가 잘못되었어요?"

사랑이의 계획표는 학원 가는 시간에만 공부를 하고 나머지는 모두 놀거나 쉬거나 친구 만나거나 하는 것들이었습니다. 그러니 엄마와 할아버지가 '쯧쯧쯧' 할 수밖에요.

엄마는 단호한 표정으로 사랑이와 평화를 불러 자리에 앉혔어요. 할아버지도 엄마와 함께 아이들 앞에 앉았어요.

"지난 주말에 너희가 먼저 이번 방학을 어떻게 보낼지 말한 거 기억해?"

"네."

지난 주말, 할아버지는 아이들에게 방학 동안 하고 싶고, 이루고 싶은 계획을 말해 보라고 했어요. 그때 평화는 방학 동안 운동을 열심히 해서 키를 키우고 싶다고 했고, 사랑이는 부족한 영어 공부와 한자 공부를 하고 싶다고 했었지요.

"그런데 너희가 짠 계획표를 보면 너희 이야기랑 하나도 맞지가 않아. 우선 평화. 너는 방학 동안 운동을 열심히 해서 키를 키우고 싶다고 했으면 키를 키우는 운동을 하루에 몇 번씩 할지 계획을 세워야 하지 않겠니? 사랑이는 영어랑 한자 공부를 하루에 얼마나 할지 그리고 어떻게 공부할지 계획을 세워야 하고 말이야."

엄마의 말에 평화는 머리를 긁적였어요. 사랑이가 먼저 말했어요.

"학원 가서 배우면 되지 뭘 얼마나 구체적으로 써. 그런다고 지켜지는 것도 아니고."

사랑이의 말에 할아버지가 말했어요.

"어허, 사랑아. 계획은 지키려고 세우는 것이란다. 계획을 세울 때부터 지켜지지 않을 거라고 생각하면 그 계획은 정말로 전혀 지킬 수 없는 것이 돼. 할아버지는 엄마 말이 맞다고 생각한다. 평화는 우선 키를 크게 하는 운동에 뭐가 있는지를 찾아보고 운동을 하루에 얼마나 할지, 일주일에 몇 번 할지, 하면 누구랑 하고 어떻게 할지를 공책에 적어 오렴. 그럼 그걸 보고 아빠랑 엄마랑 함께 일일 계획표와 일주일 계획표를 세워 보자."

"그래. 엄마도 평화가 키 크는 데 도움이 되는 음식이 뭔지 알아볼게."

"네!"

평화는 벌써부터 키가 한 뼘 큰 것처럼 큰 소리로 씩씩하게 대답했어요.

"그리고 사랑아, 너는 영어 단어를 백 개를 외운다거나, 영어로 된 소설책 한 권을 읽는다거나, 영어 듣기 연습을 한다는 등 구체적으로 어떻게 할 것인지와, 그걸 하루에, 일주일에 얼마나 할지를 적어 오려무나. 한자도 마찬가지야. 그 계획부터 세운 후에 일일 계획표를 세우면 훨씬 실천하기 쉬운 계획표가 그려질 게다."

"그리고 이건 엄마가 주는 선물."

엄마는 사랑이에게 작은 수첩을 줬어요. 수첩에는 '일일 플래너'라고 적혀 있었어요.

"사랑이는 이제 6학년이니까, 알아서 자기 공부 관리를 해도 될 때라고 생각해. 엄마는 네가 영어와 한자 공부가 부족하다며 방학 동안 그것을 공부한다고 했을 때 참 기특했어. 자기가 부족한 부분이 무엇인지를 안다는 것이 네가 많이 성장했단 증거야. 그 수첩에는 앞으로 네가 방학 동안 영어랑 한자 공부를 무슨 요일에 얼마큼씩 할지를 적어 두고 체크하는 거야. 한 달 단위로 되어 있으니, 그 수첩이 빼곡이 채워지면 네가 좋아하는 영화 보러 가기로 약속!"

"와! 신난다! 그래요. 엄마. 알겠어요."

사랑이는 엄마에게 뜻밖의 칭찬을 듣고, 예쁜 수첩을 받아서 기분이 정말 좋았답니다. 아이들이 즐거워하는 모습에 할아버지와 엄마도 기분 좋은 미소를 지었습니다.

격몽요결 배우기

방학을 어떻게 보낼 건가요?

"대부분의 사람들이 스스로 뜻을 세웠다고 하면서도 곧바로 노력하지 않고, 미적거리며 미루는 것은 뜻을 세웠노라고 말만 하지 실제로는 배우겠다는 정성이 전혀 없기 때문이다. 만일 뜻이 성실하지 못한 채로 그럭저럭 시일만 보낸다면 늙어 죽을 때가 된다 한들 무슨 성취가 있겠는가."

'방학(放學)'을 글자 그대로 풀이하면 놓을 방(放), 배울 학(學)이니 '공부를 놓아 버리고 마음껏 놀자.'는 뜻으로 이해하기 쉽습니다. 물론 무더운 여름과 추운 겨울은 계절적으로 공부하기에도 적당하지 않으니 그동안 꽉 짜였던 학교 공부에서 잠시 놓여날 필요도 있기는 합니다. 휴식은 재충전을 위해 필요한 것이고, 적당한 휴식은 공부에 효율적이기도 하니까요. 하지만 아무 생각 없이 놀고 자고 쉰다면 그게 휴식일까요? 휴식이라고 할 수는 있어도 좋은 휴식은 아닐 것입니다. 사람은 아무 목표 없이 마냥 놀고 자고 쉬면, 오히려 축 늘어지고 기운도 없고 몸이 불편해집니다. 의욕도 없어지고요.

방학이 되면 스스로 방학의 의미를 정의해 보세요. 그냥 '공부에서 놓여나는 것'이 아니라 '정해진 공부에서 놓여나 자기에게 필요한 또 다른 공부를 하는 것'이라고 하면 어떨까요? 그래서 주체적으로 방학 동안 해야 할 일을 계획해 보는 것입니다. 계획을 세울 때는 구체적으로 지킬 수 있는 계획으로 세웁니다. 그리고 매일 다짐합니다. 계획은 나와의 약속이니 나와의 약속은 반드시 지키자고요. 마음이 약해질 때는 상상해 보세요. 계획을 다 지킨 후에 달라질 나의 모습을 말입니다. 율곡 선생님의 말처럼 시간이 지난 후에 후회하지 않도록, 짧은 방학이지만 자신이 원하는 바를 이루기 위해 노력하기를 바랍니다.

시작이 반이다

사랑이는 학원에서 돌아오자마자 책가방을 제 방에 던져 놓고는 밖으로 달려 나갑니다. 이런 사랑이를 급히 붙잡고 엄마가 물었어요.

"어디 가려고?"

"친구랑 약속했어요. 방학 했으니 친구들과 좀 놀아야죠."

"그래. 방학에 친구랑 노는 것은 좋은데, 월요일 오후 3시에 너 한자 공부하기로 했잖아."

"아이 엄마는, 나중에, 나중에 할게요, 네?"

"왜 나중으로 미뤄? 네가 직접 짠 계획이고, 오늘이 그 첫날인데. 그걸 미루면 어떡하니?"

"그래 봐야 이제 시작일 뿐이에요 엄마."

"시작이 반이란 말도 있잖니. 게다가 평화는 오늘 계획대로 하고 있어."

"평화는 나가 뛰노는 거잖아. 그런 계획이면 나도 지키고 남았지."

사랑이는 엄마 말이 맞는 것을 알면서도 괜히 짜증이 났어요. 친구들과 약속한 곳에 자기만 못 간다고 생각하니 속이 상했지요.

"무슨 일이냐?"

할아버지가 방에서 나왔어요.

"사랑이가 글쎄 첫날부터 계획을 지키지 않겠다면서, 나중에 지키겠다고 해서요."

"엄마, 내가 세운 계획이니까 오늘만 좀 조정해서 하면 되잖아. 저녁에 텔레비전 보는 것 대신 말이야."

사랑이는 자기가 세운 계획이니 조정도 가능한 것이 아니냐며 이해해 달라는 표정으로 할아버지를 바라봤어요. 할아버지가 사랑이의 머리를 쓰다듬으며 말했어요.

"사랑아. 네가 지금 친구들하고 놀지 못해서 속상한 것은 알겠는데, 계획을 세운다는 것은 엄마와 할아버지가 아닌 너 자신과의 약속이란다. 자기와의 약속은 꼭 지켜야 하는 법이지."

"저는 마음이 약해서 안 돼요. 의지가 굳세지 못해서 자신과의 약속을 지키지 못한다고요."

"의지? 의지라……. 이리 오거라."

할아버지는 사랑이의 손을 잡고 거실 쇼파에 나란히 앉았어요.

"중국 한나라 때에 활을 아주 잘 쏘는 이광이라는 사람이 있었단다.

어느 날 그가 혼자서 사냥을 하다가 길을 잃었는데 그때 무서운 눈빛으로 자기를 바라보는 커다란 호랑이를 본 거야. 이광은 호랑이에 대한 두려움에 떨면서, 어떻게 해서든 살아남아야겠단 마음으로 온 힘을 다해서 호랑이를 향해 활을 쐈지. 활은 호랑이를 명중했단다. 그런데 사랑아. 놀랍게도 이광이 쏜 건 진짜 호랑이가 아니었단다."

"그럼요?"

"가까이 다가가서 보니 글쎄, 호랑이처럼 생긴 바위였다는구나."

사랑이는 할아버지 이야기가 어떻게 될지 궁금했습니다.

"이광은 흥미로운 눈빛으로 바위를 바라보며 어떻게 화살이 바위를 뚫을 수 있는지 생각했단다. 그리고 다시 바위를 향해 화살을 쐈지만 역시나 화살은 박히기는 커녕 튕겨져 나갔어."

할아버지는 잠시 말을 멈추었다가 다시 이야기를 이었지요.

"사랑아. 모든 일은 자기가 얼마나 강한 마음을 먹느냐에 따라 달라진단다. 살아남고자 하는 강한 마음으로 당긴 화살은 바위를 뚫을 수 있지만, 바위를 뚫을 수 있을지 의심하는 마음으로 쏜 화살은 바위를 뚫지 못하는 것이란다. 방학 동안 네가 세운 계획을 지키는 일은 분명 쉬운 일은 아니겠지만, 네가 반드시 계획을 지키겠다고 강하게 마음을 먹는다면 내 장담코, 계획을 잘 지켜 낼 게야."

"그래. 사랑아. '작심삼일'이라고 뭔가를 결심한 마음이 3일 이상 가기 힘들다는 말이 있어. 그만큼 계획을 지키는 일은 쉽지 않다는 뜻이지. 하지만 작심삼일이라도 3일 단위로 다시 마음을 다잡으면 결국에는 계획을 지켜 낼 수 있을 거라고 믿어. 그러니까 차라리 친구들한테 이따 오후에 만나자고 약속을 조정해 보는 것이 어떨까? 그럼 네 계획도 지키고 친구들도 만날 수 있으니까 말이야."

사랑이는 할아버지나 엄마의 말씀이 모두 맞다고 생각했어요. 그리고 스스로도 계획을 지키고 싶은 마음이 생겼고요.

"알았어요. 알았어요. 이야기 해 볼게요."

이때 평화가 크게 기지개를 켜면서 방문을 열고 나왔어요.

"아, 숙제 많이 했다."

"어? 평화야, 방에 들어간 지 30분도 안 되었는데 숙제를 벌써 다 했다는 거야?"

엄마가 물었어요.

"응, 엄마. 숙제 벌써 반 이상 했어."

"뭐? 벌써 반 이상을?"

"엄마가 항상 그랬잖아. 시작이 반이라구. 근데 내가 탐구 생활을 과목마다 한 쪽씩은 했으니까 벌써 반 이상은 한 거지 뭐."

"어이쿠 이 녀석아, 엄마의 말을 그렇게 이상하게 써먹으면 되겠냐?"

평화의 이야기에 사랑이, 할아버지, 엄마는 모두 큰 소리로 웃음을 터뜨렸습니다.

격몽요결 배우기

나와의 약속을 지켜요

"진실로 내가 학문하는 데 뜻을 둔다면, 어진 일 하는 것은 자신에게 달려 있는 것이어서 하고자 하면 이르게 된다. 그러니 어찌 남에게서 구하려 하며 뒷날을 기다릴 필요가 있겠는가."

우리 주위엔 자신은 뭐든 잘 해낸다며 큰소리를 떵떵 치는 사람이 있습니다. 어찌나 시원시원하게 말하는지 그 사람 말만 듣고 있으면 무슨 일이든 다 해낼 것 같지요. 그런데 이렇게 말을 쉽게 하는 사람은 대부분 자기가 한 말을 잘 지키지 못합니다. 왜냐하면 자신이 한 말을 실천하는 게 얼마나 어려운지 얼마나 노력해야 하는지에 대해서는 깊게 생각해 보지 않고 말하기 때문입니다.
《논어》에 보면 "말하는 것을 부끄러워하지 않으면 실천하기 어렵다."는 말이 있습니다. 말하는 것을 부끄러워한다는 건 자신이 한 말을 책임지지 못할까 신중히 생각하고 조심하는 것을 뜻합니다. 말하기는 쉬워도 실제로 말한 것을 지키는 일은 어려우니까요. 계획도 마찬가지입니다. 계획을 세울 때는 내가 실천할 수 있는 계획을 세워야 합니다. 내가 충분히 지킬 수 있는지, 계획을 지키는 데 영향을 줄 일들에는 뭐가 있는지도 생각해 보며 실천 가능한 계획을 세우는 겁니다. 그런 후에 반드시 계획을 지키겠단 마음을 단단히 먹어야 합니다.

여러분도 방학이라는 자유로운 시간에 반드시 지킬 자신과의 약속을 계획해 보기를 바랍니다.

보고
또 보고

"할아버지, 좌우명이 뭐예요?"

"갑자기 왜 좌우명을 묻니, 평화야?"

"방학 때 제일 먼저 할 숙제가 바로 '좌우명 정하기'거든요. 교장 선생님이 내준 숙제라서 방학 시작하고 일주일 안에 학교 홈페이지에 올려야 해요."

할아버지는 평화의 이야기를 듣고는 교장 선생님이 어떤 마음으로 아이들에게 이런 숙제를 냈는지 알아차렸습니다.

"허허허, 멋진 교장 선생님이시구나."

"교장 선생님도 할아버지처럼 율곡 선생님 이야기를 종종 하세요."

평화 옆에 있던 사랑이가 조용히 말했어요.

"허허허, 역시 그러셨구나."

"할아버지, 그래서 좌우명이 뭔데요? 뭘 말하는 거예요?"

"좌우명이란 자리 좌(座), 오른쪽 우(右), 새길 명(銘), 즉 자주 앉는 자리 옆에 새겨 놓고 지키는 말이나 문장을 말한단다."

"율곡 선생님도 좌우명이 있었어요?"

사랑이가 물었습니다.

"율곡 선생님은 '생각에 사특함이 없다(思無邪)는 구절과 공경하지 않음이 없다(毋不敬)는 구절은 일생 동안 쓰더라도 다하지 못할 것이다. 마땅히 벽에 걸어 두고 잠깐이라도 잊지 말아야 할 것이다.'라고 했단다. 평생 순수하고 올바른 마음으로 살아가겠다는 뜻이지."

"할아버지, 좌우명은 왜 필요해요? 왜 갑자기 방학 숙제로 전 학생들에게 좌우명을 지어 오라고 한 걸까요?"

사랑이가 정말 궁금하다는 듯이 물었습니다.

"좌우명은 내가 어떻게 살지, 어떤 사람이 될지에 대한 지침이란다. 할아버지 생각에는 방학 동안 너희들이 자신의 꿈에 대해 곰곰 생각해 보라는 뜻에서 내준 것 같구나."

"음, 그럼 평화는 '운동을 열심히 해서 키가 크자!'가 좌우명이에요?"

"아니, 그건 좌우명이라기보다는 방학 동안 이룰 목표지. 그것보다는 조금 장기적인 목표를 생각해 보면 좋겠구나. 할아버지는 남에게 부끄러운 사람이 되고 싶지 않아서 할아버지의 좌우명은 '매일 나를 갈고 닦아 부끄럼 없이 살자'란다."

"그럼 저는 돈을 많이 벌어서 하고 싶은 일을 마음껏 하는 사람이 되고 싶으니까, 좌우명은 '돈을 많이 벌어서 하고 싶은 일을 마음껏 하자!'가 되나요?"

평화가 장난스럽게 할아버지에게 물었어요.

"이 녀석아, 그것도 좌우명은 맞지만, 그 좌우명이 항상 네가 지키고 싶은 것인지는 모르겠구나. 친구들과 어울려 놀 때도, 공부할 때도, 엄마의 심부름을 할 때도 그 좌우명이 잘 어울릴까?"

"에, 할아버지, 좌우명 짓기가 어렵네요."

이때 엄마가 말했어요.

"책을 읽거나 영화를 보다가도 어떤 구절이 가슴에 확 다가올 때가 있어. 그럼 그런 걸 자기의 좌우명으로 삼을 수도 있는 거야."

"엄마는 좌우명이 뭐예요?"

"엄마는 어떤 영화에서 '카르페 디엠(Carpe diem)'이라는 대사를 들었어. 라틴어인데 그 뜻은 'Seize the day' 즉, '현재를 잡아라.'라는 뜻이

야. 엄마는 그걸 '오늘에 충실하라.'로 이해하고 싶어. 지나간 과거에 매달리거나 슬퍼하지도 말고, 아직 오지 않은 미래에 대해 너무 걱정하거나 지나친 희망을 품지도 말고, 그냥 하루 하루의 삶에 최선을 다하자는 뜻이지."

"아하, 그래서……."

"그래서 뭐?"

"그래서 엄마가 매일 우리한테 최선을 다해 잔소리를 하시는구나."

"뭐, 뭐야? 이 녀석."

아이들과 할아버지, 엄마는 모두 큰 소리로 웃었어요. 실컷 웃고 난 아이들은 각자 어떤 사람이 될지, 어떻게 살고 싶은지, 곰곰 생각에 빠졌답니다.

격몽요결 배우기

여러분의 좌우명은 무엇인가요?

"생각에 사특함이 없다.(思無邪)'는 구절과 '공경하지 않음이 없다.(毋不敬)'는 구절은 일생 동안 쓰더라도 다하지 못할 것이다. 마땅히 벽에 걸어 두고 잠깐이라도 잊지 말아야 할 것이다."

사서삼경(四書三經)은 조선 시대 사상의 중심이었던 유교의 핵심 경전 일곱 가지를 말합니다. 사서는 《논어(論語)》, 《맹자(孟子)》, 《대학(大學)》, 《중용(中庸)》이고, 삼경은 《시경(詩經)》, 《서경(書經)》, 《역경(易經)》 즉 《주역(周易)》입니다. 여기에 《춘추(春秋)》, 《예기(禮記)》를 더하면 사서오경이 되는 것이죠.

율곡 선생님이 평생의 좌우명으로 삼겠다고 한 '생각에 사특함이 없다.'는 구절은 공자가 사서삼경 중의 하나인 《시경》을 평한 말 중에 나옵니다. 《시경》은 고대의 가요 3백여 편을 모아 엮은 시집(詩集)입니다. 그런데 시(詩)라는 것은 우리들의 순수한 마음에서 나온 것이니, 《시경》에 수록된 3백 편의 시를 한마디로 요약한다면 '생각이 깨끗해진다'고 할 수 있다는 것이지요.

'공경하지 않음이 없다.'는 사서오경 중의 하나인 《예기》에 나오는 말로 모든 일을 대할 때 공경하는 태도와 몸가짐을 갖는 것을 말해요.
그러니까 율곡 선생님의 좌우명은 '나는 평생 순수하고 올바른 마음과 생각을 가지고 살겠다.'는 것이랍니다. 쉬운 것처럼 보이지만 실천하기 굉장히 어려운 말씀 아닌가요? 여러분도 여러분만의 좌우명을 지어 보기를 바랍니다.

書冊讀明不問

4 장

공부에 이르는 길

審　固　改　朝
　　習

공부의 순서

사랑이는 아까부터 책상 한가득 책만 쌓아 놓고 이 책을 펼쳤다 저 책을 펼쳤다 하면서 안절부절못하고 있습니다. 한참 동안 책만 뒤적거리던 사랑이가 마침내 책을 탁 덮고 거실로 나왔어요.

"아, 답답해."

거실에서 빨래를 개고 있던 엄마가 의아한 표정으로 사랑이를 바라봤어요.

"엄마, 내일이 시험인데 할 게 너무 많아서 무엇부터 해야 할지 모르겠어요."

"계획표를 짜지 그러니?"

"내일이 시험이라니까, 계획은 세워서 뭐 해요?"

"애는, 무슨 일이든 계획이 필요한 거란다. 시간이 얼마 안 남았더라도 시험 볼 과목하고 남아 있는 시간을 잘 계산해서, 과목마다 골고루 분배해 봐. 한 과목도 빠뜨리지 말고."

"알았어요. 얼른 들어가서 계획 짜고 공부할게요."

"그래, 우리 딸 파이팅."

다음 날 오후, 사랑이가 학교에서 돌아왔어요. 발걸음이 무거운 걸 보니 시험을 못 본 모양이에요. 할아버지가 거실에서 신문을 보다가 사랑이를 맞이했어요.

"할아버지. 저 시험 망쳤어요."

"저런, 속상하겠구나."

"공부할 시간이 너무 없었어요."

"예고 없이 갑자기 시험을 본 게냐?"

"아니요, 그건 아닌데……. 그러고 보니 제가 계획을 잘못 세워서 그런 거네요."

"그래. 공부를 하려면 항상 계획을 잘 세워야겠지? 하루, 한 달, 한 학기, 한 학년, 더 나아가서 평생 공부의 계획을 세우는 게 좋단다. 일생의 목표를 정하고 나면 그다음에 그걸 이루기 위해서 몇 살까지는 어떤 책을 읽고 몇 살까지는 어떤 공부를 한다는 큰 그림을 그려야겠지. 그리고 읽을 책을 정하고 나면 얼마만큼의 기간 동안 얼마나 읽을 것인가를 계획하고, 그 계획에 따라 한 달 치, 하루치의 공부를 해 나가는 거란다."

"와아, 어떻게 한평생의 공부 계획을 미리 다 세워요?"

"옛날에 율곡 선생님이 《격몽요결》에서 독서의 순서를 정리해 주신 게 있는데, 참고삼아 한번 들어 보겠니?"

"네."

"먼저 《소학(小學)》, 그다음에는 《대학(大學)》, 그다음으로 《논어(論語)》, 《맹자(孟子)》, 《중용(中庸)》, 《시경(詩經)》, 《예경(禮經)》, 《서경(書經)》, 《주역(周易)》, 《춘추(春秋)》, 그리고 그 외에 이와 관련된 성리학 서적과 역사서를 정독(精讀)하라고 하셨단다."

"어, 할아버지, 그거 어디서 많이 듣던 책 이름 같은데요? 사서삼경인가 사서오경인가 그거죠?"

"그렇지? 바로 이런 책들이 그 당시 성리학 공부의 기본 서적들이었단다."

"근데 그건 지금 공부하는 거하고는 다르잖아요. 옛날하고 지금은 공부 내용도 다르고 읽어야 할 책도 다르고, 지금 그걸 공부할 수는 없잖아요."

"물론 지금이야 너는 학교에서 하는 공부를 제일 우선으로 해야겠지? 교과서에 나온 기본 지식을 먼저 습득하고, 그걸 응용한 심화 학습을 풀고, 실전 문제집을 푸는 것이 공부의 순서가 아니겠니."

"와, 할아버지. 엄청 잘 아시네요. 저랑 같은 학교를 다니시는 것도 아니신데 말이에요."

"욘석."

할아버지는 사랑이의 농담에 기분 좋게 웃었어요.

"공부는 순서대로 한다고 해도, 대충대충 넘어가면 안 본 것만 못하단다. 공부할 때는 한 권 한 권 정성을 다해서 집중해서 읽고 충분히 이해한 후에 다음 순서를 밟아야 한단다. 그런 걸 '숙독'이라고 하지. 숙독은 글의 뜻을 잘 생각하면서 차분히 읽는 것이란다. 율곡 선생님은 독서를 할 때 '숙독'의 중요성을 이야기했어. 여러 권을 읽는 것이 중요한 것이 아니라 한 권을 읽어도 그 책에 담긴 의미를 모두 알아서 의심이 없어진 후에야 다른 책을 읽으라면서 말이다."

"음, 알겠어요. 할아버지. 휴, 그럼 저는 방에 들어가서 시험 문제에서 틀린 부분을 '숙독'할게요. 그래야 다음 시험에는 안 틀릴 테니까요."

"허허, 그래. 사랑아. 기특하구나. 힘내서 열심히 하렴."

"네. 아참, 할아버지. 엄마 오시면 시험 성적 얘기는 하지 마세요. 아무래도 엄마가 충분히 제 상황을 이해한 후에 말해야 할 것 같으니까요. 네?"

할아버지는 사랑이의 애교 섞인 부탁에 껄껄 웃었습니다.

격몽요결 배우기

독서의 기술

"독서를 할 때에는 반드시 책 한 권을 숙독(熟讀)하여서 의미를 모두 알아 의심이 없이 훤히 알게 된 후에 다른 책으로 바꿔 읽어야 하니, 많이 읽으려고 욕심내고 무언가 얻어 내는 데만 힘써 이것저것 바삐 보아 넘겨서는 안 된다."

율곡 선생님이 말씀한 책들에 대해 조금 더 알아볼까요? 《소학(小學)》은 소년들의 학습 교재로 일상에서 지켜야 할 예의범절과 효도 등 인간의 기본 도리가 담겨 있습니다. 《대학(大學)》은 글자만 보아도 더 큰 공부인 줄 알겠죠? 사물을 탐구하여 이치를 깨우치는 것에서 시작하여 자기 몸과 집안을 다스리고, 더 나아가 세상을 다스리는 공부의 순서를 밝힌 책이랍니다. 《논어(論語)》는 공자와 제자들의 언행을 담은 책이고 《맹자(孟子)》는 맹자와 그 제자들의 언행을 기록한 책으로, 유학의 중요한 개념들이 잘 설명되어 있습니다.

이렇게 책마다 전하는 내용이 다르고, 문장을 이해하는 데 필요한 지식이 다르니 당연히 공부하는 순서가 있을 수밖에 없겠죠? 이제 막 알

파벳을 배우는 학생에게 영어로 된 책을 바로 읽으라고 줄 수 없는 것처럼 말입니다.

율곡 선생님은 독서를 통해서 옳고 그름을 구분하고, 자신을 점검하며 반성해야 한다고 했습니다. 그리고 반드시 읽은 바를 실천하려고 노력해야 한다고 했지요.

오늘날 우리가 율곡 선생님이 권한 책들을 전부 읽기는 어려울 것입니다. 하지만 꾸준히 독서를 하며 세상을 배우고, 자신을 점검하며, 더 나은 사람으로 성장하고자 한 태도는 우리가 꼭 따라야 할 것이 아닌가요?

잘 보기,
잘 듣기

지난 시험에서 사랑이네 반이 꼴찌를 했어요. 교장 선생님은 특별히 사랑이 반 아이들과 이야기를 나누기로 했지요. 오랜만에 본 아이들의 표정은 모두들 시무룩했어요.

"왜 표정들이 그러냐?"

"저희 반이 꼴찌잖아요."

"허허, 꼴찌 할 수도 있지. 괜찮아요. 꼴찌가 있어야 1등도 있는 법이지. 너희들은 꼴찌라 더 이상 떨어질 곳이 없으니 이제 올라갈 일만 남지 않았니?"

교장 선생님의 썰렁한 농담에 아이들이 피식피식 웃었어요.

"중요한 건 왜 우리가 꼴찌를 했을까, 그 원인을 찾아보고 대책을 찾는

거란다. 어디 한번 얘기해 보자. 여러분 반은 왜 성적이 잘 안 나왔을까?"

"수업 시간에 집중을 안 해서 그런가 봐요."

"저희들이 좀 떠들고 산만한 편이에요."

"책을 읽어도 머리에 잘 안 들어와요."

"선생님 말씀이 무슨 말인지 이해가 잘 안 가요."

"딴 생각이 들 때가 많아요."

"흠. 그렇구나. 가만히 들어 보니까 모두 이미 답을 알고 있군요."

아이들은 선생님 말에 의외라는 듯 서로를 바라봤어요.

"옛말에 '백 번 읽으면 뜻이 저절로 드러난다.'는 말이 있어요. 그런데 아무 생각 없이 무조건 열심히, 입으로만 달달달 백 번 읽으면 내용을 이해할 수 있을까?"

"아니요."

"뭐가 더 필요한 거 같아요?"

"집중이요."

"그렇죠? 바로 그거예요. 책을 읽어도 그냥 건성으로 읽는 게 아니라 집중해서 읽고, 선생님 말씀도 집중해서 듣는다면, 백 번이 아니라 단 한 번에도 모든 게 다 이해될 수 있을 거예요. 그렇게 생각되지 않나요?"

아이들은 모두 고개를 끄덕였어요.

"율곡 선생님은 《격몽요결》이란 책에서 '볼 때는 밝게 볼 것을 생각하라.'와 '들을 때는 총명하게 듣기를 생각하라.'고 했어요. 자, 여기서 밝게 본다는 건 무슨 뜻일까?"

"눈을 크게 뜨고 자세히 살펴보라는 뜻이요."

"그렇죠. 밝게 보라는 건 겉으로 보이는 것만이 전부가 아니니 보이는 것 뒤에 숨어 있는 것까지 제대로 잘 살피라는 뜻입니다. 숨어 있는 뜻을 찾아내는 능력, 이게 바로 밝은 눈이에요. 알겠습니까?"

"네."

"그러면, 들을 때는 총명하게 듣기를 생각하라는 건 무슨 뜻일까?"

"겉으로 들리는 것만이 전부가 아니니 들리는 것 뒤에 숨어 있는 것까지 제대로 잘 살피라는 뜻이요."

"엥? 아니 누가 이렇게 기가 막힌 대답을 했지?"

"선생님이 방금 말씀하신 건데요."

"어? 내가? 언제 말했죠?"

"선생님 말씀에서 보는 걸 듣는 걸로 바꿨을 뿐인데요."

"어? 그게 그렇게 되었나? 하하하. 야, 그러고 보니 이 반 학생들은 참 똑똑하네. 꼴찌 할 반이 아닌데?"

"사실은 저희가 양보한 거예요. 다른 반 아이들 기죽지 말라고요."

"그래요. 정말 그런 것 같네요. 그런 자세 좋아요. 아주 희망적인 반이네요."

"감사합니다."

"그리고 방금 말한 대로 공부만 아니라 세상일도 마찬가지, 겉으로 보이고 들리는 것만이 전부가 아니랍니다. 그러니 앞으로 여러분은 늘 겉으로 나타난 것 뒤에 숨어 있는 진실을 살피려고 노력하세요. 알겠죠?"

"네!"

아이들의 힘찬 대답에 교장 선생님은 빙그레 웃었답니다.

격몽요결 배우기

밝게 보고 총명하게 듣기

"볼 때는 밝게 볼 것을 생각하라. 보는 데 가려진 것이 없으면 환하여 보이지 않는 것이 없다. 들을 때는 총명하게 듣기를 생각하라. 듣는 데 막히는 것이 없으면 분명하여 듣지 못하는 것이 없다."

색안경을 끼고 본다는 말이 있습니다. 어떤 일을 있는 그대로 보지 않고 자기 멋대로 해석하고 단정 짓는 것을 말합니다. 선입견(先入見) 혹은 편견(偏見)이라고도 하죠. 물건을 잃어버리고 나서 주위 사람을 살펴보았더니 모두가 의심스러웠는데, 물건을 찾고 나서 보니, 아까 의심했던 사람들이 조금도 수상하지 않더라는 옛이야기도 있습니다. 주위 사람을 의심하는 마음에 있는 그대로를 볼 수 없었던 것이지요.

그런가 하면 겉으로 나타난 것만 보고 성급하게 판단하는 경우도 있습니다. 옷차림이 남루한 사람을 보고 가난할 것이라고 생각하는 경우가 그렇지요. 부자 중에서도 옷차림에 신경을 쓰지 않고, 낡은 옷을 고집하는 사람도 있는데 말입니다.

밝게 보고 밝게 듣는다는 건 있는 그대로를 보고 듣는 것입니다. 허나 동시에 그 뒤에 가려진 숨은 진실까지도 보고 들을 수 있어야 할 것입니다. 세상일이 단순히 겉으로 보이는 것만이 전부는 아니니까요. 쉬운 일은 아니지요?

질문하는 방법

"선생님, 질문 있어요."

아이들이 일제히 뒤를 돌아봤어요. 아니나 다를까 또 궁금이었어요. 궁금이는 사랑이가 다니는 학원에서 만난 친구에요. 원래 이름은 예은인데 하도 질문하는 것이 많아서 '궁금이'라고 별명이 붙었어요. 그런데 그 질문이라는 것이 '수학은 왜 생겨났나?', '어떻게 하면 수학을 잘할 수 있나?' 이런 것들이라 질문을 받은 선생님은 당황하고 아이들은 늘 답답해했어요.

"오늘은 또 뭐니? 지금 하는 수업하고 관계가 있는 거야?"

"아, 아니요. 그건 아니지만."

"그러면, 지금은 수업 중이니까 이따 수업 끝난 뒤에 교무실로 오거라."

"네? 네. 알겠습니다."

학원 수업을 마치고 집에 온 사랑이는 할아버지와 함께 과일을 먹다가 궁금이에 대한 얘기를 했어요.

"할아버지, 우리 학원에 궁금이라는 별명을 가진 애가 있는데요."

"궁금이? 질문을 많이 하는 아이인 모양이구나."

"네, 근데 질문 내용이 '수학은 왜 생겨났나?', '어떻게 하면 수학을 잘할 수 있나?' 이렇게 뜬구름 잡는 것들이에요."

"흠. 할아버지가 보기에 괜찮은 질문 같은데?"

"네? 그게 어떻게 괜찮은 질문이에요?"

"한 개의 수학 문제에 대한 질문이 아닌 수학이라는 학문에 대한 질문이잖니."

"아이참, 할아버지. 그걸 바쁜 수업 시간에 하니까 문제죠. 문제 하나 풀기도 아까운 시간인데 어떤 때는 걔 때문에 수업 시간에 풀어야 할 문제를 다 못 풀 때가 있다니까요."

"그렇지만 그런 의문을 품고 질문을 하는 게 나쁜 것은 아니란다. 유명한 과학자나 발명가들은 대부분 호기심이 많고 궁금한 것이 있으면 그걸 끝까지 파고들었단다."

사랑이는 할아버지 이야기를 다시 생각해 봤어요.

"할아버지, 지금은 인터넷이 발달해서 궁금한 게 있으면 인터넷에서 찾아보면 되잖아요?"

"인터넷에서 알려 주는 건 부정확한 지식이거나 일부분의 정보만 전해 주는 경우가 많단다. 모르는 것이 있을 때는 그 분야에 대해 먼저 깨우친 사람한테 물어보렴. 먼저 깨우친 사람, 즉 선생님이나 선배, 어른들한테 묻는 게 인터넷보다는 더 낫단다."

"하지만 선생님한테 질문을 하면 시간이 없다고 하거나, 그런 건 너희들이 알아서 하라고 할 때가 많아요."

"그건 너희들의 질문하는 태도나 방법에 문제가 있을 수도 있다는 생각이 드는구나. 질문하기 전에 먼저 이렇게 저렇게 끝까지 궁리해 보고, 그래도 답이 안 나오면 그때 질문해야 하는 거란다. 어떠냐? 그렇게 했니?"

"아뇨, 그냥 궁금한 게 생기면 바로바로 질문했는데요?"

"문제를 잘 들여다보고 이리저리 생각하다 보면 의외로 궁금했던 것이 금세 해결될 때가 많아. 문제는 너희들이 잘 생각하려 들지 않는다는 거지."

"그래서 선생님이 '한 번 더 생각해 보고 오너라.' 하나 봐요."

"그래. 너희에게 깊이 생각하는 습관을 길러 주려는 거란다. 앞으로는 생각하는 습관을 잘 기르도록 하렴. 생각은 힘이 세다고 하지 않더냐."

할아버지 말에 사랑이는 궁금이를 다시 봐야겠다는 마음이 들었습니다.

"할아버지."

"응? 왜?"

"내일부터는 '궁금이'라는 별명을 '생각이'라는 별명으로 바꿔 줄까요?"

"허허, 그래라. 그거 좋은 생각이다."

"할아버지, 저도 생각 잘했죠?"

"응? 그래, 그래. 허허허."

격몽요결 배우기

훌륭한 질문

"의문이 나거든 물을 것을 생각하라. 마음에 의심나는 것이 있으면 먼저 깨달은 분께 나아가 자세히 묻고, 여전히 이해가 가지 않거든 버려두지 말고 계속 질문을 해야 한다."

자하(子夏)라는 제자가 어느 날 공자(孔子)에게 물었습니다. "시에 보면 '예쁜 웃음에 보조개가 예쁘며 아름다운 눈에 눈동자가 선명함이여! 흰 비단으로 채색을 한다.'라고 하였는데, 이것은 무엇을 말한 것입니까?" 그러자 공자(孔子)는 "그림을 그리는 건 흰 비단을 마련한 후에 하라는 뜻이란다."라고 했지요. 이를 듣고 자하가 "그렇다면 충성과 믿음, 의리를 지닌 뒤에 예를 지키라는 것이군요?" 하자, 공자는 이렇게 말했습니다. "나를 기쁘게 하는 자는 자하로구나! 비로소 함께 《시(詩)》를 말할 만하다."

자하와 공자가 나눈 대화가 조금 어렵지요? '흰 바탕이 있어야 색칠을 할 수 있는 것처럼, 사람의 마음이 진실해야 그 바탕 위에 예의를 차리는 것이 의미가 있다.'는 뜻입니다. 즉 진실한 마음의 바탕 위에 차리는 예의를 말하는 것이지요. 그런데 이 대화의 내용보다 눈여겨볼 것은 공자의 반응입니다. '나를 일깨우는 자가 바로 너 자하로구나.' 하며 공자가 기뻐한 까닭은 무엇일까요?

공자는 자신의 제자가 훌륭한 질문을 했고, 그로 인해 자신도 그와 함께 성장할 수 있기에 기뻐한 것입니다. 가르치는 사람과 배우는 사람이 함께 발전할 수 있는 것을 '교학상장(敎學相長)'이라고 합니다. 여러분도 공부를 하면서 물어보는 것을 두려워하지 마세요. 또한 질문할 때는 궁금한 것, 알고 싶은 것을 정확하게 표현할 수 있도록 어떻게 말할지를 곰곰 생각해 보고요. 알겠지요?

정신을 집중하라

"사랑아, 사랑아. 엄마 심부름 좀 해 줄래?"

"……."

"사랑아!"

엄마가 거실에서 사랑이를 부르는데 사랑이는 대답을 안 합니다. 안 한다기보다는 못 하는 거죠. 왜냐하면 사랑이는 지금 이어폰을 낀 채로 공부를 하고 있으니까요. 그러니 엄마가 아무리 불러도 대답이 없는 건 당연한 일이지요.

"평화야, 평화야. 가서 누나 좀 나오라고 하렴."

"……."

"평화야!"

이번에는 평화가 대답이 없습니다. 평화는 거실에서 공부를 하고 있는데, 텔레비전을 켜 놓고는 연필을 입에 문 채 텔레비전에 푹 빠져 있었지요. 마침 일을 마치고 집에 들어오던 아빠가 이 장면을 봤어요.

"아니 이놈들이. 엄마가 부르는데 뭣들 하는 거야? 평화 너 가서 누나 불러와."

황급히 텔레비전을 끈 평화는 방으로 달려가 사랑이를 데리고 나왔어요. 어리둥절한 표정의 사랑이와 겁먹은 표정의 평화에게 아빠가 말했어요.

"너희들은 공부를 한다면서 텔레비전이랑 라디오를 틀어 놓고 하던데, 그래서 공부가 머리에 들어오겠어? 그러니 엄마가 불러도 듣지를 못하지. 공부 좀 하려고 하면 사랑이는 으레 라디오부터 켜고 평화는 으레 텔레비전부터 켜지?"

"죄송해요."

"무슨 일을 하든 하는 일에 모든 신경을 집중해야지. 이것저것 다른 데 마음을 쓰면 마음이 이리저리 달아나서 무엇 하나 제대로 되는 게 없어. 공부를 할 때는 공부만 하고 라디오 들을 땐 라디오만, 텔레비전 볼 땐 텔레비전만 보도록 해야지. 지금 하고 있는 일에 집중하란 얘기야."

"알았어요, 아빠. 앞으로는 안 그럴게요."

"약속하는 거다."

사랑이와 평화는 고개를 끄덕이며 아빠와 약속했어요.

저녁 식사 시간이었어요. 밥을 먹으면서 신문을 보던 아빠가 말했어요.

"요즘 아이들은 모두 이런가 봐."

"왜요? 신문에 뭐가 났어요?"

"글쎄 청소년들의 공부 습관을 조사했는데, 대부분 공부할 때 라디오나 TV를 켜든지, 핸드폰으로 문자를 보내면서 공부를 한대. 하기야 우리 애들부터 그러니. 다 어려서부터 공부 습관을 잘못 들여서 그런 거야. 너희들 솔직히 얘기해 봐라. 공부하면서 휴대폰 만지면 공부에 집중이 되니? 평화야 넌 어때?"

"잘 모르겠어요."

"사랑이는?"

"아닌 거 같아요. 학원에 가서도 계속 문자만 들여다보니까요."

"그래. 그러니 너희들, 아까도 얘기했지만 동시에 이것저것 하는 나쁜 습관은 바로 고쳐서 공부할 때는 공부에만 집중하는 습관을 들이도록 해라."

"네, 알겠어요."

한참 고개를 숙이고 앉아 있던 평화가 아빠를 바라보면서 말했어요.

"근데 아빠."

"왜?"

"아빠는 밥을 먹으면서 왜 신문을 보세요?"

"응? 그, 그건."

"밥 먹을 땐 밥에 집중하고, 신문 볼 땐 신문에 집중하셔야 하는 거 아닌가요?"

"그래요, 당신도 밥 먹을 때 신문 좀 그만 보세요."

"아빠도 한 가지 일에 집중하셔야죠."

"그, 그래, 알았다, 평화야. 버릇이 돼서."

"저희도 앞으로 공부할 때 딴짓 안 할 테니, 아빠도 그러시란 말이에요."

"그래, 그래. 앞으로 아빠도 고치도록 노력하마."

"앞으로가 아니라 지금 당장 신문을 내려놓으시라고요."

"어, 그, 그래. 알았다. 아이고 무서워라!"

"자 내려놓으셨으면 이제……."

"이제?"

"저희를 한 번씩 안아 주세요."

"어? 어, 그래 그러자꾸나."

신문을 내려놓은 아빠는 사랑이와 평화를 한 번씩 꼬옥 안아 주었어요. 오랜만에 안아 보는 아이들이라 그런지 그동안 부쩍 큰 것 같기도 합니다.

격몽요결 배우기

한 번에 하나씩!

"반드시 내 마음이 다른 사람과 어울려 놀고 싶은지를 따지고 살펴봐야 한다. 여러 좋아하는 것 중에서 이치에 맞지 않는 것이 있다면 모든 것을 철저히 끊어 버려야 한다."

공부하는 사람은 자신을 이겨 내야 한다고 합니다. 하지만 자신을 이기는 일은 결코 쉬운 일이 아니에요. 생각해 보세요. '지금부터 공부를 열심히 할 거야.'라고 마음을 굳게 먹고 책상에 앉았어요. 책을 펴고 읽는데 거실에서 텔레비전 소리가 들려와요. 분명 텔레비전 소리에 마음이 쏠릴 거예요. 또, 책상에 앉아 있으니 여기저기 몸이 불편해져요. '아, 폭신한 침대에 누웠으면.' 하는 마음이 어느새 솟아올라요. 어떤가요? 내 이야기 같지요? 그런데, 좋아하는 게임을 하거나 재미있는 책을 읽을 때는 아무리 밖에서 시끄럽게 텔레비전을 봐도 귀에 안 들어와요. 오랫동안 앉아 있었어도 어디가 불편한 줄 모르고요.

공부할 때 자꾸 다른 일에 신경이 쓰이고, 몸이 불편하다는 건 공부에 집중을 하지 않아서랍니다. 집중을 안 한다는 것은 마음을 공부가 아넌 다른 일에도 주고 있다는 뜻이에요. 공부할 때는 공부에만, 놀 때는 노는 데만 마음을 주도록 해요. 그럼 무슨 일을 하건 그 일에 푹 빠져서 진짜 제대로 공부하고 제대로 놀 수 있을 것입니다.

5장

사람다운 사람 되기
-평생 공부

몸가짐 지키기

온 가족이 모여 복권 추첨 방송을 보고 있어요. 1등에 당첨되면 단번에 수억 원, 수십억 원이 생기는 일이라 번호 추첨을 하는 것만 봐도 재미가 있지요. 방송을 보던 평화가 아빠한테 말했어요.

"아빠, 우리도 복권 사요."

"왜? 부자가 되고 싶으냐?"

"돈이 많은 건 좋잖아요."

"평화야. 할아버지가 오래 전부터 그 복권에 대해 생각해 봤는데……."

아빠 대신 할아버지가 먼저 말을 꺼냈어요.

"잘 들어 보거라. 이건 평화 너도 쉽게 알 수 있는 얘기란다."

"뭔데요, 할아버지?"

"복권이란 게 수많은 사람들의 작은 돈을 모아서, 이것저것 운영하는 데 드는 비용이나 수수료를 제하고, 나머지 돈으로 당첨된 사람에게 목돈으로 나누어 주는 것이니, 실제로 따져 보면 돈이 줄어드는 것이지?"

"네, 그러네요."

"돈의 양은 전혀 늘지 않고 오히려 줄어들기만 하는 게임, 즉 지극히 비생산적인 게임이라는 거야."

평화는 할아버지 이야기에 고개를 끄덕였습니다.

"할아버진 복권이 과연 합당한 재물인지 아직도 의문이야. 왜냐하면 복권으로 얻은 돈은 정당한 노력의 대가라는 생각은 안 들거든. 땀 흘려 얻은 게 아닌, 정당하지 않은 이득이 아닐까? 율곡 선생님도 이득을 얻으면 그것이 의리에 합당한지를 생각하라고 했단다. 그러니 할아버지는 사람들이 복권에 몰려들기보다는 좀 더 생산적인 일에 몰두할 수 있으면 좋겠구나."

"그러고 보니 아버님, 복권에 당첨된 사람들의 뒷이야기가 안 좋은 경우도 많더라고요."

"맞아요. 당첨금 다 써 버리고 도로 거지가 되었다는 얘기도 있어요."

할아버지 이야기에 엄마와 사랑이가 한 마디씩 거듭니다.

"그래 사랑아. 그것도 아마 그 이득이 정당한 노력의 대가가 아니어서 그럴 게다. 쉽게 얻었으니 그 돈이 소중하다는 생각이 들지 않을 테고 다음에 또 당첨되면 된다는 생각에 돈을 흥청망청 쓰고……. 그러다 보니 성실히 살던 사람조차도 그동안 자신이 성실하게 살려고 했던 노력이 하잘것

없는 일처럼 느껴졌을 게야. 그러다 돈이 다 떨어진 다음에는 어떻게 되겠니? '안 되겠다. 이제 정신 차리고 살아야겠다.' 해도 한번 어그러진 마음이 쉽게 고쳐지지는 않을 게다."

할아버지 말에 사랑이는 고개를 끄덕였어요.

"그래서 우리 조상들은 돈이 있을 때나 없을 때나 항상 그 마음을 고요한 상태로 유지할 것을 강조했단다."

"근데요, 할아버지. 가난이 좋은 건 아니잖아요."

평화가 할아버지에게 물었습니다.

"일부러 가난해지려고 할 필요는 없겠지. 그렇다고 부자가 나쁘냐? 정당한 방법으로 부자가 되는 것은 괜찮아. 다만 그 부를 어떻게 잘 사용하느냐가 문제지."

"어려운 이웃을 돕는 자선 사업 같은 거 말씀이죠?"

"그래 사랑아, 옛날에 제주도의 만덕 할머니도 비록 기생을 해서 모은 돈이지만 흉년이 들었을 때 많은 재산을 풀어서 굶주린 사람을 도왔단다. 그 공으로 나중엔 임금의 표창을 받고 금강산 구경도 하셨지."

"그 얘기 어디서 본 거 같아요."

"그래. 옛 책에 많이 나오는 얘기란다."

"부자 되기는 쉽지 않잖아요."

"그래 평화야. 그래서 부자가 되려고 잘못된 방법들을 쓰지 않니? 바로 그것 때문에 우리 선조들은 부당한 방법으로 부를 얻는 것보다는 차라리 가난하더라도 올바르게 살라고 한 거야. 그렇지만 이건 가난하더라도 자

신의 분수에 맞게 살라고 한 것이지, 결코 가난을 좋은 것이라고 한 것은 아니란다."

"그거 알 거 같아요. 사자성어로 안분……."

"안분지족(安分知足) 말이냐, 평화야?"

"아니요, 뭐더라. 안분도락?"

"아하 안빈낙도(安貧樂道)를 말하는구나."

"그건가? 너무 헷갈려요."

평화를 바라보며 할아버지가 인자한 미소를 지으시더니 말씀하십니다.

"잘 들어 봐라. 안분지족(安分知足)은 '자신의 분수나 처지를 편안히 받아들이고 만족할 줄 알아야 한다.'라는 뜻이고, 안빈낙도(安貧樂道)는 '가난을 편안하게 받아들이고 도를 지키는 것을 즐겨라.'라는 뜻이란다. 둘 다 비슷한 말이지만, 한번 둘의 뜻을 비교해 보렴. 그리고 어느 쪽이 마음에 드는지 할아버지에게 말해 보거라."

"네!"

사랑이와 평화는 두 말이 어떻게 다른지 어떤 것이 더 좋은지 곰곰 생각에 빠졌답니다.

격몽요결 배우기

재물이란

"군자는 도(道)를 걱정할 뿐이요, 집안이 가난한 것을 걱정해서는 안 된다. 다만 집안이 가난하여 살아갈 수 없으면 가난에서 벗어날 방법을 생각해야 하지만, 역시 춥고 배고픈 것을 면할 정도면 될 뿐이고 재물을 모아 풍족할 생각을 해서는 안 된다."

오랜 세월 높은 자리에 머물렀던 율곡 선생님은 욕심이 없고 곧은 성품으로도 유명하지요. 그래서 《격몽요결》에서도 이처럼 재물에 대한 욕심 때문에 마음이 흐트러지지 않기를 당부했답니다. 이러한 당부는 율곡 선생님만 한 것이 아닙니다. 공자(孔子)도 이런 말을 했어요.

"거친 밥을 먹고 물을 마시며 팔을 굽혀 베더라도 즐거움은 또한 그 가운데 있으니, 의롭지 못하고서 부(富)하고 또 귀(貴)함은 나에게 있어 뜬구름과 같으니라."

'거친 밥'이란 변변치 않은 음식입니다. 가난해서 좋은 음식을 배불리 먹지는 못하지만, 옳지 못한 방법으로 부자가 되는 것보다는 낫다는 말이지요. 그런가하면 또 이런 말도 있습니다.

"나라에 도(道)가 있을 때에 가난하고 천한 것이 부끄러운 일이며, 나라에 도가 없을 때에 부하고 귀한 것이 부끄러운 일이다."

세상이 바르고 공정해서 누구나 제 노력의 대가를 제대로 받는다면, 가난한 것이 곧 내가 노력을 안 했다는 뜻이므로 부끄러운 일입니다. 하지만 세상이 부정부패로 가득 차서 올바른 방법으로 살 수 없다면, 그때는 부귀를 누리는 것이 부끄러운 일이지요. 여러분은 어떻게 생각하나요?

자기 반성

어느 아이돌 가수가 무심코 인터넷 개인 사이트에 올린 사진이 문제가 되어 악성 댓글이 달리기 시작했어요. 가수는 이에 대해 해명하는 글을 올렸지만 사태는 가라앉지 않았고, 그의 팬들과 안티팬 사이에 싸움이 붙었어요. 싸움은 걷잡을 수 없이 커지고, 결국 그 가수가 기자 회견에서 눈물을 흘리며 은퇴하겠다는 발표를 했어요. 이 뉴스를 함께 지켜보던 아빠가 사랑이에게 물었어요.

"사랑이가 보기에 일이 왜 이렇게 커진 것 같니? 어느 쪽에 잘못이 있는 것 같아?"

"양쪽 다 문제가 있는 것 같아요. 가수는 생각 없이 개인적인 사진을 올린 게 잘못이고……."

사랑이의 말이 끝나기도 전에 평화가 말했어요.

"누나, 누구든 자기 생활을 보여줄 수 있잖아, 개인적인 사진이라도."

"아이돌 스타는 이미 개인이 아니거든요. 인기를 누리는 만큼의 책임이 뒤따르는 거야. 그래서 공인이라고 하는 거야."

"우리 사랑이가 생각하는 게 벌써 어른이 다 되었네. 그래, 그럼 사랑이는 가수가 잘못했다고 생각하니?"

"아니에요. 저는 심하게 비난 댓글을 단 네티즌이 더 잘못했다고 생각해요. 거짓말까지 하면서 욕했으니까요."

아빠는 사랑이의 이야기에 고개를 끄덕였어요.

"그래, 맞아. 거짓말에 욕설에…… 내 생각에 그 사람들은 아마도 공감 능력이 부족할 거야."

"공감 능력이요?"

"그래 사랑아. 쉽게 말하면 다른 사람의 감정을 이해하는 능력이야. 다른 사람도 나처럼 아파하고 상처받는 사람이라는 생각을 못 하는 거야."

"어? 우리 선생님도 그 비슷한 이야기를 했었어요. 그래서 왕따 같은 일이 생긴다면서."

"그래, 그렇지. '내가 저 입장이라면 어떨까?' 하는 생각을 못 하니까 다른 친구를 괴롭히고 따돌리는 거야. 그리고 아빠는 이번 일이 안티팬들이 오해해서 억지를 부린 일이라면 가수 쪽에서 그냥 가만히 있었으면 더 좋았을 것 같아. 분명 억울하고 빨리 항변하고 싶었겠지만, 어쨌든 일이 이렇게 된 데에는 가수가 사진을 잘못 올렸기 때문이기도 하잖니. 그런데 자기 잘못을 먼저 생각하기보다 안티팬들에게 감정적으로 대응하니 일이 더 커진 게 아닌가 싶다."

아빠와 아이들의 이야기를 옆에서 듣고 있던 엄마가 말했어요.

"인터넷은 서로 보이지 않는 곳에서 자기 의사를 표현하는 곳이니, 글을 쓰는 사람이나 읽는 사람이나 모두 조심해야겠어요."

"맞아요. 욕설도 많이 하고, 이상한 글도 엄청 많아요."

"그런 사람들을 혼내 주는 사람이 있으면 좋겠다."

사랑이와 평화가 한마디씩 했어요. 평화의 말에 아빠가 말했어요.

"하하하, 혼내 주는 사람이라. 물론 그것도 좋지만 자기 스스로 부끄럽지 않게 행동하겠다는 마음만 먹는다면 혼내 주는 사람까지 필요하지는 않을 것 같구나. 그런데 평화야. 함부로 말을 막 하는 것도 안 되지만 누군가에게 비난을 받았을 때, 혹시 내가 비난받을 행동을 한 건 아닌지, 욕하는 사람을 힘들게 한 것은 아닌지 하고 자신을 냉정하게 바라볼 필요도 있단다. 어떤 문제든 그 답은 다른 사람이 아닌 나에게 있으니까 말이야."

아빠의 말을 잠자코 듣고 있던 평화와 사랑이가 서로를 바라보며 키득거렸어요.

"응? 왜 그러니? 애들아?"

"아빠, 얼마 전에 할아버지가 얘기해 줬는데, 아빠가 어릴 때 동네 친구랑 싸우고는 할아버지한테 난 아무 잘못도 하지 않았다고 떼를 쓰고 울어서 더 혼났었다면서요?"

"아니, 그건……."

아빠는 당황해서는 말을 잇지를 못했어요. 그러고는 텔레비전 리모컨이 어디 있냐며 딴청을 피웁니다. 그 모습에 엄마와 사랑이, 평화는 모두 크게 웃음을 터뜨렸지요.

격몽요결 배우기

자기 반성이란

고려 말에 이달충(李達衷)이라는 분이 〈애오잠(愛惡箴)〉이라는 글을 지었습니다. 애(愛)는 '사랑', 오(惡)는 '미움', 잠(箴)은 '경계한다'는 뜻이니 〈애오잠(愛惡箴)〉은 '사랑과 미움을 경계하는 글'인 셈입니다. 내용을 대략 정리하면 아래와 같습니다.

"남이 나를 좋은 사람이라고 했다고 기뻐할까? 남이 나를 나쁜 사람이라고 했다고 걱정할까? 이럴 때는 나를 좋다고 하는 사람과 나를 나쁘다고 하는 사람이 어떤 사람인지 먼저 살펴보아야 한다. 좋은 사람이 나를 좋은 사람이라고 했다면 그땐 기뻐해도 좋다. 나쁜 사람이 나를 나쁜 사람이라고 했다면? 이건 좀 고민해 봐야 하지만 자기 이익 때문에 그러는 것이라면 나는 걱정하지 않아도 된다. 좋은 사람이 나를 나쁜 사람이라고 했다면 나는 걱정해야 한다. 나쁜 사람이 나를 좋은 사람이라고 했다면? 약간은 고민을 해 봐야겠지만 이것도 기분이 썩 좋지는 않다. 결국 중요한 건 나를 좋다 혹은 나쁘다고 말하는 사람이 좋은 사람인지 나쁜 사람인지가 문제인 것이다."

물론 이것은 내가 항상 올바르고 당당할 수 있을 때나 할 수 있는 말입니다. 그러니까 정말 중요한 것은 '과연 내가 올바르게 살고 있느냐?' 하는 것이지 '남이 나를 어떻게 평가하느냐?'가 아니라는 점입니다.

공부에는 끝이 없다

오늘은 저녁 뉴스가 좀 시끄러웠어요. 대기업의 임원이 뇌물을 받고 부당한 거래를 한 사실이 밝혀져 회사에서 쫓겨났다는 소식과 국회의원이 부적절한 행동과 발언으로 국민들의 반발을 사서 사퇴했다는 소식, 유명 대학의 교수님이 연구비를 횡령한 소식이 연이어 나왔거든요. 할아버지는 혀를 차며 이렇게 말했지요.

"저게 다 공부가 덜 되어서 그렇지."

"그러게 말이에요."

할아버지, 할머니의 대화를 듣던 평화가 할아버지에게 물었어요.

"응? 할아버지. 대학교수이고, 국회의원이고, 대기업 임원이면 공부 잘 해야 하는 거 아니에요?"

"하하하, 그래. 그러니까 말이다. 사랑아, 일전에 할아버지가 공부에는 두 가지가 있다고 한 것 기억하니?"

할아버지는 평화 옆에서 아이스크림을 먹고 있던 사랑이에게 물었어요.

"그럼요. '위기지학(爲己之學)'과 '위인지학(爲人之學)'이요. 위기지학은 '나를 위한 공부', 위인지학은 '남을 위한 공부'라는 뜻이죠."

할아버지는 기특하다는 듯 사랑이를 바라보고는 평화에게 덧붙여 설명했어요.

"정확히 기억하고 있구나. 사랑아. 평화에게는 할아버지가 좀 더 이야기해 주마. 위기지학은 '자신의 인격을 수양하는 공부'이고, 위인지학은 '남에게 보이기 위한 공부'라는 뜻이란다. 좋은 대학 나오고 외국에서 박사 학위를 따도 인격적으로 공부가 덜 되면 결국 '남에게 보이기 위한 공부'밖에 안 되는 거란다. 그러니까 저 사람들은 학력이 높아도 인격 수양이 덜 되어서 좋지 않은 일들을 저지른 것이지."

할아버지 이야기에 할머니가 물었어요.

"저 사람들 중에도 대학에 있을 때나 높은 자리에 있기 전에는 안 그랬다는 사람도 많대요."

"음, 그럴 수도 있겠지. 지위가 높아질수록 수많은 유혹이 생기니까 말이야."

"할아버지, 무슨 유혹이요?"

사랑이와 평화가 두 눈을 동그랗게 뜨고 물어봅니다.

"회사건 나라 일이건 높은 자리일수록 큰일을 결정해야 할 때가 많으

니, 그럴 때 그 일에 관련된 사람들이 자기에게 좀 더 유리한 쪽으로 일을 성사시키려고 결정권자에게 뇌물을 준단다. 물론 이건 잘못된 일이고, 해서도 안 되는 일이지만 말이야. 이런 걸 보고 권력에 달라붙는 나쁜 유혹이라고 한단다."

"할아버지. 뇌물만 받고 일은 바르게 진행할 수도 있지 않아요?"

할아버지는 평화의 말에 너털웃음을 터뜨렸습니다.

"허허허, 뇌물은 주는 것도 나쁘지만, 준다고 무조건 받는 것도 옳지 않단다. 뇌물은 욕심과 이기적인 마음이 담긴 선물이니까 말이다. 그래서 높은 자리에 올라갈수록 원칙을 지키고 외부의 유혹에 넘어가지 않는 인격 수양이 필요한 것이란다. 그리고 나의 인격을 다지는 공부는 쉼 없이 해야 하는 것이지. 언제 어디서 어떤 공부를 하든, 어떤 일을 하든 늘 자기 인격을 수양하는 공부를 함께 해야 나의 인격이 완성되어 가는 거야."

"정말 공부에는 끝이 없군요."

"할아버지 방에 책이 그렇게 많은 것도 그래서 그런 거에요? 평생 공부?"

사랑이에 이어서 평화가 물었어요.

"그렇다고 볼 수 있지."

"그럼 할아버지는 언제 장관이 돼요?"

"아이고 이놈아. 할아버지가 장관 되려고 공부하는 거냐? 할아버지는 그냥 공부가 좋아서 공부하는 거고, 저기 저 장관이 되려는 사람들은 인격을 수양하는 공부를 평생 해야 한다는 말씀이다."

"아휴 나는 이제 학교 다니기 시작했는데 어떻게 평생을 공부하면서 사냐. 에이 모르겠다. 높은 자리에 올라가지 말아야겠다."

평화의 너스레에 할아버지와 할머니는 큰 소리로 웃었답니다.

격몽요결 배우기

평생 공부

"사람들이 벼슬하기 전에는 벼슬에 오르는 것에 급급하다가, 벼슬한 뒤에는 또 그 벼슬을 잃을까 걱정한다. 이 같은 데 골몰해서 그 본심을 잃은 사람들이 많으니 어찌 두렵지 않겠는가. 벼슬이 높은 사람은 도를 행하는 것에 주력하고 도가 행해지지 않으면 물러가야 한다."

정조(正祖) 임금 때 연암(燕巖) 박지원(朴趾源)이라는 분이 중국 구경을 하고 돌아와 엮은 《열하일기(熱河日記)》라는 책이 있는데, 거기에 만리장성에 올라갔다 내려온 이야기가 나옵니다. 일행들과 멋진 경치를 실컷 즐긴 뒤 막상 내려오려고 하니까 저 아래가 아득하게 보여 다리가 떨리고 후들거려서 간신히 내려왔다고 합니다. 연암 선생은 이 느낌을 우리 인생살이에 비유했습니다. 그 부분만 인용해 봅니다.

"벼슬살이도 이와 같아서 바야흐로 자꾸만 위로 올라갈 때엔 한 계단이라도 남에게 뒤떨어질세라 혹은 남을 밀어젖히면서 앞을 다툰다. 그러다가 마침내 몸이 높은 곳에 이르면 그제야 외롭고 위태로워서 두려운 마음이 생긴다. 앞으로는 한 발자국도 나아갈 길이 없고, 뒤로는 천 길이나 되는 절벽이어서 다시 올라갈 수도 없을 뿐 아니라 내려오려고 해도 잘 되지 않는 법이다."

성벽이나 벼슬살이나 '올라가는 것보다는 올라간 뒤가 더 어렵고, 그보다는 무사히 내려오는 게 더욱더 어렵다는 깨달음'을 얻은 것입니다. 높은 자리에 오르려는 사람들은 모두 명심해야 할 말씀입니다.

효도와 사랑

"평화야. 평화야."

"왜? 평화가 어디 갔냐?"

"예, 아버님. 그게…… 평화가 안 보이네요. 신발이 있는 걸 보면 나간 것 같진 않은데."

온 식구가 동원되어 평화를 찾았는데 어이없게도 평화는 안방 침대에서 이불을 뒤집어쓰고 깊은 잠에 빠져 있었습니다.

"아니, 평화야 왜 거기서 자고 있었니?"

"책을 보다가……."

"책? 무슨 책인데?"

"옛날에 어떤 아이가 겨울에 부모님 잠자리를 따뜻하게 해 드리려고 이

불 속에 들어가 누워 있었다는 얘기를 읽고 나도 그러려고."

"아이고, 우리 평화가 효자네."

"피, 뭐가 효자에요? 이렇게 온 가족을 놀라게 했는데요. 저는 저렇게 속 썩이진 않잖아요."

사랑이가 입술을 삐죽이며 말했어요.

"그 마음이 얼마나 기특하냐. 부모에게 효도해야 한다는 것을 다들 잘 알지만 실제로 효도를 하는 사람은 별로 없지 않니? 평화는 그걸 실천하려고 했던 거니까 효자지."

"치, 알았어요."

사랑이와 평화, 아빠와 엄마, 할아버지, 할머니가 모두 거실에 나왔어요. 엄마는 부엌에서 과일을 가져왔지요. 엄마가 과일을 깎는 사이에 할아버지가 사랑이에게 물었어요.

"우리가 효도를 해야 하는 이유가 뭘까, 사랑아?"

"부모님이 우릴 낳으셨으니까요."

"그래. 《시경(詩經)》에 보면 '아버지 나를 낳으시고 어머니 나를 기르셨으니, 이 은덕을 갚고자 해도 하늘과 같이 넓고 끝이 없도다.'라는 구절이 있단다. 아버지와 어머니가 나에게 이 몸을 주시고 또 이렇게 길러 주신 거니까 부모 자식 간에는 단지 '사랑'이라는 말로 표현할 수 없는 그 무언가가 있지 않겠니? 부모가 자식 사랑하는 것이 무조건적이듯이, 자식이 부모에게 효도하는 것도 무조건적이어야 하는 법이란다."

"자식은 무조건 부모에게 효도해야 한다는 법을 만들어요, 할아버지.

어기면 벌금 백 만원 땅! 땅! 땅!"

"허허허. 평화야, 그거 좋구나. 그런데 효도는 법이나 의무라기보다는 마음에서 저절로 우러나오는 것이어야 할 게다. 어찌 보면 사랑보다도 한 차원 더 깊은 게 효도인지도 몰라. 효도를 외국어로 번역하려 해도 마땅히 번역할 말이 없다지 않니. 한 기운으로 이어진 부모이고 자식이니만큼 잠시도 효도할 것을 잊어서는 안 되는 거란다."

"잠시도요?"

"그래, 평화야. 옛날에는 아침저녁으로 부모님의 잠자리를 살피고 안부를 여쭈었다지만 지금에야 어디 그럴 수 있겠냐? 그저 아침에 학교 갈 때 '다녀오겠습니다.' 저녁에 들어와서 '다녀왔습니다.' 하는 인사만으로도 바쁘겠지. 그렇지만 그렇더라도 늘 부모님의 안색을 살피고 건강을 챙겨 드리는 건 당연히 해야 할 일이란다. 평소에도 늘 공경하는 마음으로 부모님을 대하고, 심부름을 시키면 기쁜 마음으로 정성스럽게 하는 것도 필요하고. 지금은 부모님이 너희보다 힘도 세 보이지만 10년, 20년이 지났을 때도 부모님이 건강히 계신다고 장담할 수 있겠니? 돌아가시기라도 하면? 그땐 잘 모시려고 해도 모실 수가 없잖니."

사랑이와 평화는 부모님이 돌아가신다는 말에 잠시 충격을 받은 듯 가만히 있었어요. 어색한 침묵을 깨고 사랑이가 말을 꺼냈어요.

"얼마 전 수업 시간에 돌아가신 분의 산소를 크게 만들어서 국토가 줄어든다는 기사를 갖고 수업을 한 적이 있어요. 그때 선생님도 부모님이 돌아가신 다음에 아무리 잘해도 소용없다고 했었는데……."

"그렇지. 부모님이 살아 계실 때에 잘해 드려야지, 돌아가신 후에 아무리 장례를 호화롭게 한들 무슨 소용이 있겠니?"

"장례를 호화롭게 하는 게 나쁜 일은 아니잖아요."

할아버지 말에 평화가 물었습니다.

"그래. 옛날에 어떤 사람이 부모님이 돌아가셨을 때 3년 동안 죽만 먹었는데, 이를 보고 율곡 선생님은 그의 효성이 남보다 뛰어나고 그가 억지로 하는 것이 아니면 괜찮지만, 만일 효성이 지극하지 못한데 억지로 지나치게 예를 차리느라 한 것이라면 이는 제 자신을 속이고 어버이를 속이는 것이니 마땅히 경계해야 할 일이라고 했단다."

"음, 진실한 마음이 중요한 것이란 말씀이시죠?"

"그래, 사랑아. 바로 그거야. 제사에 대해서도 비슷한 이야기를 했지."

"절만 많이 하지 말고 맛있는 음식을 많이 차려 놓으라고요?"

"하하하, 이렇게 말했단다. '제사 지내는 것도 사랑하고 공경하는 정성을 다 바치는 것만이 중요할 뿐이다. 집안이 가난하면 재산에 따라 하고, 병이 들었으면 자기 기운을 헤아려서 제사를 지낸다. 재력이 미치는 자는 예법대로 행할 것이다.'라고 말이다."

"아하, 상황에 따라 하라는 거네요."

"그렇지, 사랑아."

"그리고 또 하나 중요한 건 사랑이하고 평화, 너희들이 서로 싸우지 않고 사이좋게 지내는 것도 효도란다. 형제는 부모의 몸을 똑같이 받아 태어났으니 또 하나의 나라고 할 수 있는데, 서로 사랑하지 않는다면 이는 자기를 사랑하지 않는 것이요 더 나아가 부모를 사랑하지 않는 거나 마찬가지지."

사랑이는 며칠 전 학교에서 발표회를 할 때, 회사에 급한 일이 생겨 학교에 못 온 아빠한테 화를 낸 일, 아끼는 노트에 낙서를 했다고 평화한테 욕을 한 일 등 자기가 잘못한 일들이 자꾸 생각나 속으로 한없이 미안하고 부끄러웠어요.

"저도 이제부터는 평화하고 사이좋게 지낼게요. 지난번에 화낸 거 미안해, 평화야. 그리고 아침저녁으로 부모님한테 꼬박꼬박 인사를 잘할게요, 할아버지."

"그래, 사랑아. 효도라고 뭐 거창한 게 아니란다. 그런 작은 일부터 시작하는 거야."

"자, 모두 과일 드세요. 아버님, 어머님부터 먼저 드세요."

사랑이와 평화가 할아버지 이야기를 듣는 동안 엄마는 과일을 맛있게 깎아 놓고는 할아버지와 할머니에게 제일 먼저 드렸지요. 그 모습을 보고 사랑이는 엄마, 아빠가 할아버지, 할머니께 평소 잘하는 모습을 본받아야 겠다고 다짐했답니다.

격몽요결 배우기

진짜 효도란?

"부모를 모시는 사람은 하나의 행동이라도 멋대로 하지 말고 부모에게 허락을 받은 다음에 행해야 한다. 하고 싶은 일을 부모님이 허락하지 않는다면 반드시 간곡히 말하여 허락을 받은 후에 한다."

옛날 경주 지역에 아들을 일곱이나 둔 홀어머니가 있었어요. 그런데 어찌어찌해서 어머니에게 사랑하는 사람이 생겼답니다. 바로 이웃 마을에 사는 홀아비였죠. 이웃 마을로 가는 길에는 냇물이 하나 있었는데, 어머니는 밤에 아들들이 잠든 틈을 타서 몰래 이웃 마을에 있는 홀아비에게 다녀오곤 하였죠.
그러던 어느 겨울, 어머니가 추운 겨울에도 냇물을 건너 이웃 마을에 다녀온다는 걸 아들들이 알게 되었답니다.
"이 추위에 냇물을 건너려면 얼마나 발이 시려우실까?"
"그래 그래, 우리가 힘을 합쳐서 다리를 놓아 드리자."
홀로 고생하면서 자신들을 키워 주신 어머니를 생각하면서 아들들은 어머니를 위해 몰래 냇물에 돌다리를 놓아 드렸습니다. 그래서 어머니는 편안하게 이웃 마을에 다녀올 수 있게 되었을까요?

그 다리를 아들들이 놓았다는 것을 알게 된 어머니는 아들들에게 너무나 부끄러워서 다시는 이웃 마을에 가지 않았답니다. 그리고 그때부터 이 다리는 '효불효(孝不孝) 다리'라고 부르게 되었답니다.

아들들은 어머니를 편안하게 해 드리려는 '효심'으로 다리를 놓아 드렸는데 결과적으로는 어머니가 사랑하는 사람을 만나러 가지 못하게 하는 '불효'를 저지른 셈이 되었다는 것이지요. 이럴 경우 정말 어떻게 하는 것이 효도하는 길일까요?

함께 사는 사회

바깥에 누가 왔습니다. 초인종 소리에 할아버지가 나가서는 한참 동안 말씀을 나누었어요. 방에서 공부를 하다 궁금해진 평화가 거실로 나가자 할아버지가 막 들어왔어요.

"할아버지, 누구세요?"

"응, 윗집에 새로 이사 온 아주머닌데, 앞으로 잘 부탁드린다면서 떡을 가지고 왔구나."

"와! 떡 맛있겠다."

"그래 식탁에 가져다 놓고 조금만 먹으렴. 다 먹지는 말고."

"할아버지도 같이 드세요."

"그럴까 그럼?"

할아버지와 평화는 식탁에 마주 앉았어요.

"할아버지 먼저 드세요. 그래야 저도 먹죠."

"그래. 먹자꾸나. 너도 먹어라."

"근데요 할아버지, 무슨 얘기를 그렇게 오래 하셨어요? 저는 할아버지 잘 아는 분인 줄 알았어요."

"허허, 그랬냐?"

"네, 모르는 사람인데 그렇게 길게 얘기하세요?"

"모르는 사람과도 얘기를 하다 보면 길어질 수도 있지. 뭐 이것저것 물어보더라."

"할머니였어요? 할아버지가 존댓말로 말하셔서요."

"아니, 젊은 새댁이더구나. 그렇지만 누구든지 처음 보는 사람한테는 존대를 해 줘야지. 그게 다른 사람에 대한 예의란다."

"그래서 지난번에 학생들한테 길 물어보실 때도 그렇게 존댓말로 하셨던 거예요?"

"그래. 아무리 어린 학생이라고 해도 그 역시 소중한 존재 아니겠냐. 그렇게 따지면 세상에 태어난 사람들은 모두 소중한 존재일 테고. 그러니 누구든지 소중한 하나의 인간으로 존중받을 필요가 있는 거야. 할아버진 그렇게 생각한단다."

"그러고 보니까 할아버진 누구한테나 친절한 것 같아요. 길에서 만나는 누구에게나, 특히 휠체어 탄 아저씨나 앞 못 보는 사람들처럼 불편한 분들한테는 더 친절하시잖아요. 그러고 보니까 우리 할아버지 참 훌륭하세요."

평화는 진심으로 할아버지를 향해 엄지를 치켜 들었어요.

"평화 너도 일상생활에서 그렇게 다른 사람에게 친절하도록 노력하렴."

"네. 모르는 사람에 대한 배려! 친절! 존중!"

"하하. 사실은 말이다. 모르는 사이도 그래야 하겠지만, 가깝고 친한 사이일수록 더 상대방을 배려하고 존중할 필요가 있어요."

"가까운 사람은 서로 이해하고 넘어가잖아요."

"사실은 이해하고 넘어가는 게 아니라, 아는 사람이기 때문에 문제가 생겨도 그냥 꾹 참고 넘어가는 경우도 많단다. 그러다가 그게 쌓이고 곪으면 더 큰 다툼이 일어나는 법이지."

"모르는 사람이건 아는 사람이건 일단 존중하라."

"그래, 그게 바로 품격 높은 세상이 되는 방법이란다."

그날 저녁, 아빠와 엄마가 무슨 일로 의견이 갈리다가 언성이 좀 높아졌어요. 불안한 눈길로 지켜보던 평화가 끼어들었어요.

"어머니, 아버지. 부탁이 하나 있습니다."

"뭔데 그러니 평화야? 갑자기 안 하던 존댓말을 하고."

"아까 낮에 할아버지한테서, '가까운 사이일수록 더 상대방을 배려하고 존중해야 한다고 들었습니다. 그래서 드리는 말씀인데요, 두 분이 말씀하실 때나 다투실 때 혹 존댓말로 하는 건 어떠신지요?"

두 분은 기가 막힌다는 표정으로 평화를 바라봤어요. 이때 할아버지가 방에서 나오시면서 평화의 말을 거들었어요.

"그래, 평화 말도 일리가 있어요. 그러니 어멈과 아범 두 사람, 어디 존댓말로 한번 대화를 해 보시게."

"예?"

"아 얼른."

"어서요. 아빠 먼저."

"그, 그러니까 아까 부인께서 제 의견에 대해 반대를 하신 거잖아요."

"아니죠. 다만 저는 의견이 다르니 조금 더 논의를 하고 넘어가자는 말,

아니 말씀을? 아유, 높임말로 하자니 말을 못 하겠네."

"그래. 그리고 왜 싸웠지 우리가?"

엄마와 아빠는 서로를 바라보다 동시에 웃음을 터뜨렸어요. 이를 지켜보던 평화와 할아버지도 덩달아 웃음보를 터뜨렸답니다.

격몽요결 배우기

다른 사람을 위하는 마음

"온순하고 공손하며 사랑하고 아끼는 태도로 남을 대해야 한다. 남을 해치고 일을 그르치려는 마음은 털끝만큼도 마음 구석에 남겨 두어서는 안 된다. 보통 사람들은 자기의 이익을 위해서 남에게 해를 입히고 일을 그르치게 한다. 그러므로 공부하는 사람은 먼저 자기 이익만을 위한 마음을 버린 뒤에야 어진 마음을 배울 것이다."

공자는 훌륭한 정치가로 소문난 정(鄭)나라의 자산(子産)에 대해 이렇게 말했어요.
"군자높은 벼슬에 있는 사람 혹은 덕과 학식이 높은 사람가 마땅히 지켜야 할 것이 네 가지 있다. 몸가짐이 공손하고, 윗사람을 공경하고, 백성을 기르는 데 은혜롭고, 백성을 부리는 데 의로웠다."
옛날에는 임금이나 관리를 어버이에, 백성을 자식에 비유해서 '은혜롭게 길렀다'고 표현했지요. 백성을 은혜롭게 길렀다는 것은 백성을 이롭게 해 주었다는 것이에요. 옛날에는 전쟁이나 성 쌓기, 다리 놓기 등

나라에 큰일이 있을 때 백성을 동원하여 일을 시켰어요. 백성을 부린다는 표현은 그래서 나왔지요. 백성을 부리는 데 있어 의로웠다는 것은 일을 시킬 때 공평하게 나누었고, 무리하지 않게 진행했다는 뜻이에요. 그러니까 백성들을 자식처럼 보호하고 그들의 마음을 배려했다는 뜻입니다.

이러한 태도는 정치가에게만 필요한 것이 아니에요. 누구에게나 공손함이 필요하고, 공손함은 겸손한 마음에서 나와요. 겸손하다는 것은 자신을 낮추는 태도만을 말하지 않아요. 나와 다른 사람 사이에 높낮이가 없고 벽이 없는 것으로, 다른 사람을 나처럼 존중하고 이해하려고 노력하는 것이에요.

모두가 겸손한 마음과 공손한 태도를 지닌다면, 결국 서로가 잘되는 것이 당연한 일 아닐까요?